成长必读百科系列丛书

全彩升级版

世界文化常识

李　津◎主编

京华出版社

全国百佳出版社
中央编译出版社
Central Compilation & Translation Press

图书在版编目（CIP）数据

世界文化常识 / 李津编著 .—北京：北京联合出版公司，2010.11

（2017.7 重印）

ISBN 978-7-5502-0015-9

Ⅰ . ①世…　Ⅱ . ①李…　Ⅲ . ①文化史－世界－通俗读物　Ⅳ . ① K103-49

中国版本图书馆 CIP 数据核字（2010）第 192746 号

世界文化常识

编　　著：李　津

责任编辑：李　征

封面设计：思想工社

北京联合出版公司出版

（北京市西城区德外大街 83 号楼 9 层　100088）

永清县晔盛亚胶印有限公司印刷　　新华书店经销

字数 200 千字　　710mmx1000mm　1/16　　12 印张

2011 年 8 月第 2 版　2017 年 7 月第 2 次印刷

ISBN　978-7-5502-0015-9

定　　价：49.80 元

前言 Foreword

《世界文化常识》就是一部不同文化相互接触、碰撞、交流的整体历史，它将带给人们前所未有的视觉享受和心灵震撼。

为了让孩子们了解更多丰富多彩的世界文化，增长见识，开拓视野，我们精心编写了这本书。

人类诞生至今已有上亿年的历史了，在这漫长的历史长河中，人类创造了丰富的物质文明和精神文明，这其中包括我们吃饭用的锅碗瓢盆，我们身上穿的衣服，我们住的房子，我们出门代步的自行车、汽车、火车、轮船、飞机，我们在日常生活中用的牙刷、牙膏、各种化妆品，我们的各种学习用具，例如，钢笔、书包、日记本，当然，还有我们看的书，例如，安徒生童话、教科书，各种音乐、舞蹈、绘画作品、电影电视、照片等。

世界上有不同肤色的种族，有不同的民族，不同的国家，而且各自的语言和生活习惯也大不相同。例如，黑皮肤的非洲人，黄皮肤的亚洲人，白皮肤的欧洲人。还有不同的语言，联合国规定西班牙语、英语、法语、俄罗斯语、汉语、阿拉伯语为联合国六大语言。

本书运用通俗流畅的语言，融知识性、通俗性、趣味性于一体，是一本参考性极强的世界文化百科工具书。本书信息容量大，内容涉及面广，能让你在奔放、飞旋的历史舞台上感受不同的文化魅力。

此外，书中还穿插了一些精美图片，向读者展现了一幅幅生动的画卷，我们可以手捧基督教的经典圣经，追寻古老的文字和书籍，陶醉于蒙娜丽莎的微笑、凡高的向日葵中，流连于意大利令人称奇的比萨斜塔与巴黎恢宏的凯旋门之间，挖掘留声机、电话机的发明史……

2008年北京奥运会让我们有机会接触世界，来自五湖四海的国际友人和中国人民一起欢聚在五环旗下，为奥林匹克加油、喝彩，就让我们在《世界文化常识》里遨游吧，去触摸这些五彩纷斓的世界文化知识。

目录

目录

目录

目录

目录

目录

第一章 文学与语言

Wenxue Yu Yuyan

说起文学与语言，我们会自然而然地想起文学语言。本章主要介绍了文艺复兴的由来、世界各地的著名作家、世界上通用的语言……让我们从中了解了文学的内涵和语言的奥妙。

文化的概念

著名人类学学者泰勒（Edward Burnett Tylor）这样给文化定义："文化或者文明就是由作为社会成员的人所获得的，包括知识、信念、艺术、道德法则、法律、风俗以及其他能力和习惯的复杂整体。就对其可以作一般原理的研究的意义而言，不同社会中的文化条件是一个适于对人类思想和活动法则进行研究的主题。"文化史即以人类文化为研究对象的历史研究分支，它是历史学和文化学交叉的综合性学科。

百科全书派

1745年，巴黎出版商普鲁东本来打算将1727年英国出版的《科技百科全书》译成法文，后来发现该书已落后于形势，遂决定新编一部法国的《百科全书》（原名为《百科全书，或科学、艺术和手工艺大词典》），并邀请启蒙作家狄德罗和数学家达朗贝主持此事。

狄德罗是百科全书派的首脑。他自己不仅亲自撰写了有关哲学、历史和应用科学的条目一千多条，而且还经常到工匠作坊去观察了解各种机器、工具的结构和性能，写出条目，托人详细绘制成图像。在狄德罗的领导和组织下，《百科全书》成了启蒙思想家们同封建反动势力进行斗争的锐利武器。这部著作针对封建社会的全部意识形态，从政治制度、法律机构、宗教信仰到文学艺术等各个方面进行了大规模的批判，宣扬政治平等、思想自由等启蒙思想，提倡科学技术，宣扬人类物质文明和精神文明的进步与发展，直接为即将到来的资产阶级政治革命制造舆论。百科全书派的形成及其社会实践，充分体现了启蒙运动的精神，标志着法国的启蒙运动已经达到高潮。

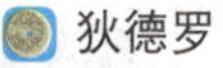
狄德罗

何谓大千世界

“大千世界”是“三千大千世界”的简称。三千大千世界原是古印度传说的一个广大范围的世界名称，是佛教名词。据《长阿含经》等书记载:我们所生活的这个世界，中央是须弥山，有七山八海环绕着，海中有四大洲，海外更有铁围山。

同一日月所照耀的四天下为一小世界，合一千个小世界为小千世界，合一千个小千世界为中小千世界，合一千个中小千世界为大千世界。又由于大千世界中有大、中、小三个千世界，所以又称为三千大千世界。佛教沿用其说，以三千大千世界为释迦牟尼所教化的范围。佛教传入中国以后，“大千世界”这个词就沿用至今。

“文艺复兴”的由来

从14世纪开始，代表新兴资产阶级利益的人文主义学者为冲破封建教会思想的桎梏，掀起了一场研究古希腊、罗马古典文化的热潮，并一直持续到15～16世纪。因为这场新文化运动打着“复兴古典文化”的旗号，因而有“文艺复兴”之称，“文艺复兴”这个词最先是由意大利的乔尔乔·瓦萨里提出的。

这个时代的不少大雕塑家同时也是建筑家。瓦萨里的老师米开朗琪罗就是在建筑上有着丰功伟绩的艺术家。除了著名的朱理二世陵墓外，由莎迦着手的法尔奈塞宫邸建筑、卡庇托利广场的建筑群等，都与米开朗琪罗的名字分不开。而作为米开朗琪罗的得意门生，瓦萨里在建筑上也有辉煌成就，其中最出色的就是佛罗伦萨那座乌菲齐宫内的走廊。

米开朗琪罗作品

博士、硕士、学士的含义

“博士”、“硕士”、“学士”这些名称，我国古代早已有之，不过和现在的含义不完全相同。

博士，源于战国时代。《史记·循吏列传》：“公仪休者，鲁博士也，以高弟为鲁相。”《汉书·百官公卿表上》：“博士，秦官，掌通古今。”这些说明博士在那时是一种官职，也指一些博古通今、知识渊博的人。

硕士，我国五代时期就有。《五代史》记载：“前后左右者日益亲，则忠臣硕士日益疏。”宋代著名散文家曾巩在《与杜相公书》中说：“当今内自京师，外至岩野，宿师硕士，杰立相望。”可见，硕士在古代通常指那些品节高尚、博学多识的人。

博士帽

学士，最早出于周代。《周礼·春官》：“诏及彻，帅学士而歌彻。”《史记·儒林传序》：“天下之学士靡然乡风矣。”这说明，学士最早是指那些在学读书的人，后来逐渐变成文人学者。

现在，学士、硕士、博士是我国学位的三个等级；“博士后”不是学位，而是指获准进入博士后科研流动站从事科学研究工作的博士学位获得者。

学士学位由国务院授权高等学校授予，硕士学位、博士学位由国务院授予的高等学校和科研机构授予。高等学校本科毕业生，成绩优良，达到规定的学术水平者，授予学士学位；高等学校和科研机构的研究生，或具有同等学力的人员，通过硕士（博士）学位的课程考试和论文答辩，成绩合格，达到规定的学术水平者，授予硕士（博士）学位。授予学位的高等学校和科学研究机构，在学位评定委员会做出授予学位的决议后，发给学位获得者相应的学位证书。

对于国内外卓越的学者或著名的社会活动家，经学位授予单位提名，国务院学位委员会批准，可以授予名誉博士学位。

名作家写作习惯拾趣

莱蒙托夫喜欢把自己的诗句写在随手抓到的破纸片或旧信封、包装纸上。

安徒生

著名的童话大王安徒生常常在茂密的森林中构思他的作品。

法国17世纪古典主义作家拉辛习惯边走边思考、酝酿佳句或背诵自己的诗句，有时甚至在庭院里发疯似的来回走上几百遍，反复琢磨推敲。

英国女作家艾米莉·勃朗特需要承担全家繁重的家务劳动，于是，她总是随身带着铅笔、纸张，利用干活的空隙，及时将脑子里涌现出来的情节写下来。

法国作家大仲马善于从梦境中取材，喜欢闭着眼睛创作。他在写不同体裁的作品时，还习惯使用不同色彩的纸张和墨水。

巴尔扎克往往在半夜12点钟起床，一直奋笔疾书到第二天傍晚。他平时不沾烟酒，但在创作时却拼命地喝浓咖啡。

美国作家海明威自从飞机出事受伤后，就一直喜欢用一只脚站着写作。他认为这样做能迫使自己尽量将文章写得简洁些。

歌德喜欢戴着有色眼镜写作，他常常根据不同的创作内容选戴不同颜色的眼镜，以激发自己丰富的情感。

雨果的工作室设在盖纳西岛的最高点，其天花板和四周墙壁均由透明的玻璃构成，既可俯瞰大海，又可仰望蓝天。

契诃夫年轻时喜欢在临街的窗户旁写作，借以观察形形色色的人们，并锻炼高度集中的注意力。

美国作家马克·吐温为了求得一个安静的写作环境，经常带足干粮和水，驾一叶扁舟，泛舟海上，在这样的环境里，他写作起来思路敏捷，得心应手。

罗曼·罗兰写作时，常在案头放一面镜子，时刻观察自己的面部表情，借此刻画作品中的人物形象。

俄国作家托尔斯泰在写作时“随遇而安”，即使置身于飞机轰鸣、炮火连天的战场，也能做到专心写作。

福楼拜喜欢白天休息，夜里通宵写作。他房间里的灯光彻夜通明，成了塞纳河船夫的航标灯。

法国作家司汤达为了使文笔声调铿锵有力，每天早晨都要朗读两三页民法。

海明威

三姐妹作家

夏洛蒂·勃朗特和她的妹妹艾米莉·勃朗特、安妮·勃朗特是19世纪中叶英国著名的三姐妹作家。她们出身山区贫苦的牧民家庭，幼年丧母，家境清寒，曾在一所半慈善性质的学校求学，而且先后都外出当过家庭教师，受尽了屈辱和折磨。

她们自幼都爱好文学、艺术，少年时代就开始写作，并在1846年自费出版过一本诗集。其中以艾米莉的诗作最佳，有的还被选入英国19世纪及20世纪第一流诗人的诗选。

1847年夏洛蒂的《简·爱》和艾米莉的《呼啸山庄》、安妮的《阿格尼斯·格雷》相继出版。

三姐妹

《简·爱》是一部自传体小说，小说成功塑造了一个地位低微却勇于捍卫自己人格和尊严、执著追求妇女在社会和家庭中平等地位的新型平民阶级形象，受到读者的欢迎。《阿格尼斯·格雷》讲述的是一个自幼受人宠爱的娇弱英国少女格雷因家道中落被迫外出，担任富人家的家庭教师，尝尽人间辛酸的故事。

《呼啸山庄》描写了一个受尽凌辱的弃儿希斯克里夫的复仇故事，小说刚发表时并不为同时代人所注意，然而自20世纪以来，评论界对此书的评价日趋升高，30年代英国进步评论家福克斯称该书是“世纪中后期维多利亚时代”所产生的“三大巨著”之一。因为它反映的不只是个人复仇的题材，还更深刻地反映了被侮辱的下层人民向恶势力发出强烈抗议的社会内容。

不幸的是艾米莉在《呼啸山庄》出版后第二年就病逝了，孤独的夏洛蒂到39岁时才与父亲的前任副牧师结婚，然而不到一年，她也病逝了。

最长的科幻小说

目前被人们公认的世界上最长的科幻小说集是联邦德国墨维出版社出版的科幻小说《倍里·罗丹》。该小说自1961年9月出版第一集《星杀》以来，每周刊出一集，至今已出版了1300多集。

这部科幻小说描写了地球上的超级太空人乘坐着地球的超级太空船，进入浩瀚的太空与外星侵略者进行搏斗，最后占领外星球的故事。这种题材的科幻小说深受青少年的欢迎，因此每集的印数都达70万册以上，而且还将继续出版。

《摇篮曲》的作者

这首充满诗意、富于韵律节奏感并具有莫扎特旋律风格特点的《摇篮曲》在世界各国婴儿的摇篮边，在各种音乐会上回荡了近200多年。音乐家、学生、一代代的父母和孩子们以及研究音乐家生平的专家们无不被这支署名莫扎特作曲的歌曲所打动。

不过直到近些年才有专家发现了历史上的破绽：歌曲刊行日期是1796年，而此时莫扎特已经逝世五年了，于是专家们对此曲的作者进行了甄别和考证，确认此曲系一个无名人士——奥地利的医生贝尔纳德·弗里斯假托莫扎特之手的伪作。

有关机构和部门相应地改写了此曲的资料，德国汉堡图书馆在珍藏的此曲原稿上添加了"戈特尔作词的《摇篮曲》，弗里斯作曲，1796年刊行"的注解。

然而这支乐曲的光辉并未因此而减弱，因为它虽然假托莫扎特之名，却绝非粗制滥造之作，而是为莫扎特的音乐"锦上添花"。

《摇篮曲》

世界十大文豪

荷马

荷马（约公元前9～公元前8世纪），古希腊盲人诗人，著名史诗《伊利亚特》和《奥德赛》的编订者，其史诗作品是希腊人由野蛮时代进入文明时代的主要遗产。

但丁（1256～1321），意大利诗人，出生于没落的贵族家庭。代表作《神曲》广泛反映了中世纪后期意大利的社会生活和斗争，集中世纪神学、哲学和科学思想之大成，表现了新与旧的斗争，显示了人文主义的思想萌芽，但又带有浓厚的中世纪宗教色彩，表现了诗人处在新旧交替时期思想上的矛盾。其作品对后世纪欧洲文学影响很大。

但丁故乡

莎士比亚（1564～1616），文艺复兴时期英国伟大的戏剧家、诗人，生于商人家庭，从小爱好戏剧。莎士比亚一生著作甚多，留存剧本37部，长诗2首，十四行诗154首。主要著作有：历史剧《查理三世》、《亨利四世》、《仲夏夜之梦》、《第十二夜》等；悲剧《罗密欧与朱丽叶》、《哈姆雷特》、《奥赛罗》、《李尔王》、《麦克白》等；长诗《维纳斯和安东尼斯》、《路克丽斯受辱记》。这些作品是欧洲文艺复兴时期的文学顶峰。马克思称赞他是“人类最伟大的戏剧天才”。

莎士比亚

拜伦（1788～1824），英国诗人，出生于伦敦没落的贵族家庭，他反对专制压迫，支持人民革命的民主思想，一生为民主、自由、民族解放的理想而斗争、而努力创作。他的作品具有重大的历史进步意义和艺术价值，主要著作有《异教徒》、《哈罗尔德游记》等。

拜伦

歌德（1749～1832），德国诗人、剧作家，从小爱好自然科学和艺术，青年时期是狂飙突进运动的中坚。他的努力为德国文学留下了不朽之作，代表作《浮士德》是他花费了长达60年之久的时间创作出来的不朽之作。

歌德

雨果（1802～1885），19世纪法国伟大的小说家、著名诗人，生于军官家庭，一生著有大量诗歌、小说、戏剧和文学理论作品，代表作有《巴黎圣母院》和《悲惨世界》。他的作品以精细的手法、广阔的生活画面和丰富的内容，对专制制度和反动教会的罪恶进行了愤怒揭发和有力控诉，对下层贫民的悲惨遭遇寄予同情，深刻反映了19世纪法国社会政治生活中的重大事件和社会现实。他的作品对后世作家产生了巨大影响。

雨果

泰戈尔（1861～1941），印度诗人、小说家、戏剧家、散文家、社会活动家，生于地主家庭。他一生写有诗集50多部，中长篇小说12部，短篇小说百余部，戏剧二十多种。主要作品有诗歌《菁歌》、《晨歌》、《吉檀迦利》、《飞鸟集》、《园丁集》；戏剧有《邮局》、《红夹竹桃》、《摩吉多塔拉》；小说有《沉船》、《戈拉》等，另有文学、哲学、政治、游记、书简多种。泰戈尔还擅长作曲和绘画，所作歌曲《人民的意志》1950年被定为印度国歌。泰戈尔的创作在印度文学史上占有重要地位，1913年获诺贝尔文学奖。

泰戈尔

列夫·托尔斯泰（1828～1910），19世纪俄国最伟大的作家。出生于贵族家庭，1840年入喀山大学，受到卢梭、孟德斯鸠等启蒙思想家影响。1847年退学回故乡在自己的领地上作改革农奴制的尝试。有巨著《战争与和平》，成名作：自传体小说《童年》（1855）、

列夫·托尔斯泰

《少年》（1857），中篇小说《一个地主的早晨》（1856），短篇小说《琉森》（1857）、《三死》、《家庭幸福》。长篇历史小说《战争与和平》，这是其创作历程中的第一个里程碑。以及第二部里程碑式巨著《安娜·卡列尼娜》。

70年代末，托尔斯泰的世界观发生巨变，写成《忏悔录》（1879～1882）。80年代创作剧本《黑暗的势力》（1886）、《教育的果实》（1891），中篇小说《魔鬼》（1911）、《伊凡·伊里奇之死》（1886）、《克莱采奏鸣曲》（1891）、《哈泽·穆拉特》（1886～1904）；短篇小说《舞会之后》（1903），特别是1889～1899年创作的长篇小说《复活》是他长期思想、艺术探索的总结，也是对俄国社会批判最全面深刻、有力的一部著作，成为世界文学不朽名著之一。

托尔斯泰晚年力求过简朴的平民生活，1910年10月从家中出走，11月7日病逝于一个小站，享年82岁，一代文学巨匠走完其人生旅程。

高尔基（1868～1936），伟大的无产阶级作家，苏联社会主义革命文学的奠基人。出身于木工家庭，一生写了大量作品。代表作《母亲》深刻反映了俄国无产阶级革命运动，成功塑造了一批无产阶级先锋战士的形象，是世界文学史上第一个描写无产阶级革命斗争的不朽名著。列宁对《母亲》曾给予高度的评价，称它是“一本非常及时的书。高尔基的作品是全世界无产阶级共同的财富，给世界工人运动带来了巨大的益处”。

高尔基

鲁迅（1881～1936），原名周树人，浙江绍兴人，出身于没落的封建家庭，伟大的文学家、思想家、革命家，中国现代文学的奠基人之一。鲁迅曾留学日本，1909年回国，在杭州等地任教，辛亥革命后，先后在南京、北京教育部任职；1918年5月发表《狂人日记》，猛烈抨击封建制度，奠定了新文学运动的基石；1918年～1926年，陆续创作出《呐喊》、《彷徨》等短篇小说。1927年～1935年创作了以马克思主义为指导的大量杂文。1936年10月19日病逝于上海。

鲁迅

世界文坛三大怪杰

世界文坛三大怪杰分别是维加、伏尔泰和科莱特。维加（1562～1635），16世纪末17世纪初西班牙戏剧的奠基者，西班牙文艺复兴时期杰出的戏剧家，有“西班牙的凤凰”、“西班牙戏剧之父”、“天上人间的诗人”之称；伏尔泰（1694～1778），18世纪启蒙主义者公认的领袖、当时思想界的泰斗，在欧洲文学史上有“科学和艺术共和国的无冕皇帝”、“哲学家的家长”、“一代思想的主宰”等美誉；科莱特（1873～1954），20世纪法国文坛巨星、闻名世界的杰出女作家，享有“法国文坛怪杰”、“法兰西的国宝”等美誉。

伏尔泰

酿成一场大战的小说

一本书影响一段历史，这并不是痴人说梦。美国女作家斯托夫人的小说《汤姆叔叔的小屋》，不但推动了美国的废奴运动，甚至帮助了林肯当选为美国总统。

《汤姆叔叔的小屋》不仅是世界文学史上的经典之作，而且对美国历史及世界文明进程都产生了深远影响。美国总统林肯曾评价这本书，说“它导致了一场南北战争”。美国学者道恩斯将《汤姆叔叔的小屋》列入“改变世界的16本书”之中。这本书的第一个中文译本《黑奴吁天录》在20世纪初的中国问世后，很快被改编成话剧上演，风靡一时，对中国近代社会也产生了重大的影响。

斯托夫人出生在一个牧师的家庭，她的家与南部蓄奴的村镇仅一河之隔，这使她有机会接触到一些逃亡的黑奴。奴隶们的悲惨遭遇引起了她深深的同情，《汤姆叔叔的小屋》便是在这样的背景下写出来的。当年这本书首次在《民族时代》刊物上连载，立即引起了强烈的反响，仅第一年就在国内印了100多版。评论界认为这本书在启发民众的反奴隶制情绪上起了重大作用，是美国内战的起因之一。林肯总统后来接见斯托夫人时戏谑地称她是“写了一本书，酿成了一场大战的小妇人”，这一句玩笑话充分反映了《汤姆叔叔的小屋》这部长篇小说的巨大影响。

斯托夫人的《汤姆叔叔的小屋》

改变世界的15本书

马克思

社会科学类

1.《君主论》马基雅维利著(意大利)

2.《常识》潘恩著(美国)

3.《国富论》亚当·斯密著(英国)

4.《人口论》马尔萨斯著(英国)

5.《不服从论》梭罗(即索罗)著(美国)

6.《汤姆叔叔的小屋》斯托夫人著(美国)

7.《资本论》马克思著(德国)

8.《论制海权》马汉著(美国)

9.《世界历史的地理枢纽》麦金德著(英国)

自然科学类

10.《天体运行论》哥白尼著(波兰)

11.《血液循环》哈维著(英国)

爱因斯坦

12.《自然哲学的数学原理》牛顿著(英国)

13.《物种起源》达尔文著(英国)

14.《梦的解析》弗洛伊德著(奥地利)

15.《相对论原理》爱因斯坦著(德国)

《物种起源》

弗洛伊德

父子作家大仲马和小仲马

法国作家大仲马青少年时代就痛恨波旁王朝，曾参加1830年的七月革命。由于父母早亡，家庭贫困，大仲马14岁起便辍学当小职员。他喜欢文学，尤其崇拜莎士比亚。他的文学生涯始于戏剧创作。《享利三世和他的宫廷》的上演轰动了法国文坛，但《冶金学家》的上演却遭到失败，从此他便转向了小说创作。《三个火枪手》和《基督山伯爵》在思想和艺术上都达到了较高的水平，特别是那离奇曲折的故事和浓厚的传奇色彩，吸引了众多的读者。

大仲马

《三个火枪手》通过对三个火枪手为王后效力而历尽艰险以及对当时宫廷中勾心斗角等丑行的描写，淋漓尽致地揭露了统治集团的黑暗内幕，具有较强的反封建意义。《基督山伯爵》的主人公邓蒂斯遭人诬陷，被打入死牢，侥幸越狱后，凭借狱中难友得到大量财宝，化名基督山伯爵，回到巴黎，向三个陷害他的坏蛋复仇。小说揭露了七月王朝的一些上层人物的罪恶发迹史，暴露了复辟时期法国司法制度的黑暗。

小仲马

小仲马（1824～1895）写了一个剧本《私生子》，结尾有两句颇有深意的台词：

父：当我们两个人单独在一起时，你一定允许我叫你“儿子”的。子：是，叔叔！

但当剧本即将公演时，剧院老板却要求去掉这两句对话，改成父子热烈的拥抱。小

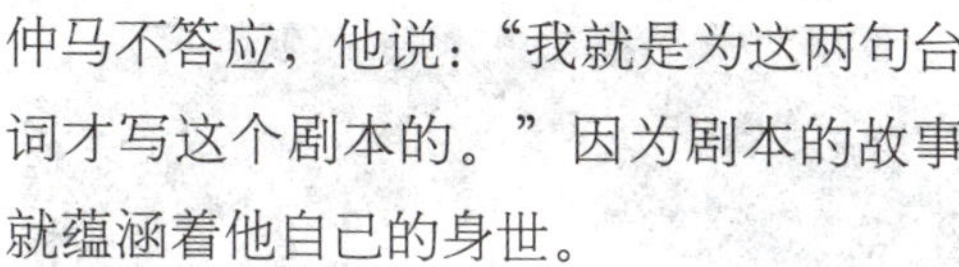

仲马不答应，他说：“我就是为这两句台词才写这个剧本的。”因为剧本的故事就蕴涵着他自己的身世。

小仲马是大仲马的私生子，他7岁时，大仲马才认他为儿子，但始终不认小仲马的生母是他的妻子。这种切身的遭遇在小仲马的心灵上留下了深深的伤痕，并影响着他以后的创作。他把探讨资产阶级社会的道德问题作为贯穿自己创作的中心内容。

1848年，小仲马发表了小说《茶花女》，受到读者极大的欢迎，后来他把小说改成了话剧。话剧内容与小说一样，通过巴黎名妓玛格丽特的爱情悲剧，揭露了法国上流社会的荒淫无耻和资产阶级冷酷、自私、虚伪的本质，表达了作者对被侮辱、被损害的妇女的同情，赞美了玛格丽特出污泥而不染的纯洁心灵。玛格丽特出身贫苦，聪明善良，但因环境逼迫沦为娼妓。她结识了富家青年亚芒，并与他产生爱情。亚芒的父亲反对这门婚事，他用虚伪的道德说教逼迫玛格丽特离开亚芒。最后玛格丽特贫病交加，含恨死去。话剧一上演，立即轰动了整个巴黎。小仲马从此专事剧本创作，比较有名的剧本有《金钱问题》、《私生子》、《放荡的父亲》，大都以妇女、婚姻、家庭问题为题材，真实地反映出社会生活的一个侧面。他的作品富有生活气息，感情真切自然，语言通俗流畅。

四大吝啬鬼

夏洛克

他(出自英国戏剧家莎士比亚的喜剧《威尼斯商人》)是犹太人，是一个高利贷者，他贪婪、吝啬、冷酷、狠毒；虽然腰缠万贯，却从不享用，一心想着放高利贷。他极力限制女儿杰西卡与外界交往，最后女儿不得不带着钱财与情人私奔；他无情地虐待克扣仆人，甚至连饭也不让仆人吃饱；他十分痛恨威尼斯商人安东尼奥，因为他慷慨大度、乐于助人、憎恶高利贷者。

一次，安东尼奥为了成全好友巴萨

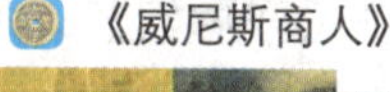

《威尼斯商人》

尼奥的婚事，以自己的名义向夏洛克借钱；夏洛克借机报复，一面声称不要利息，一面提出了以三个月为期，到期不还便要从安东尼奥身上割一磅肉的苛刻条件。

三个月过去了，由于商船出海未归，安东尼奥无力偿还，夏洛克便诉诸法庭，要求依约割肉。此时，巴萨尼奥的未婚妻鲍西娜装扮成律师，出庭为安东尼奥辩护，提出了既不准少割、也不能伤害性命，而且不准流血，如有差错就将依法论处，并将钱财充公的条件，致使夏洛克败诉。

葛朗台

（出自法国作家巴尔扎克的长篇小说《守财奴》，原译名为《欧也妮·葛朗台》）“守财奴”，即看守财产的奴隶，人本应是财产的主人，是财富的支配者，可是葛朗台却成了守财奴，“看到金子，占有金子，便是葛朗台的执著狂”，金钱已经使他异化。他为了财产竟逼走侄儿，折磨死妻子，剥夺独生女对母亲遗产的继承权，不许女儿恋爱，断送了她一生的幸福。作者通过对葛朗台一生的描写，深刻揭露了资本主义社会中人与人之间赤裸裸的金钱关系。

阿巴贡

阿巴贡(出自法国剧作家莫里哀的喜剧《悭吝人》，或译名为《吝啬鬼》、

莫里哀

《悭吝鬼》)是个典型的守财奴、吝啬鬼。他爱财如命，吝啬成癖，不仅对仆人及家人十分苛刻，甚至自己也常常饿着肚子上床，以致半夜饿得睡不着觉，便去马棚偷吃荞麦。他不顾儿女各有自己钟情的对象，执意要儿子娶有钱的寡妇，要女儿嫁有钱的老爷。当他处心积虑掩埋在花园里的钱被人取走后，他呼天抢地，痛不欲生，活现出一个视钱如命的守财奴形象。

泼留希金

泼留希金(出自俄国作家果戈里的长篇小说《死魂灵》)是俄国没落地主的典型，是俄国封建社会行将灭亡的缩影。泼留希金虽然在贪婪吝啬上与葛朗台不相上下，但腐朽没落则更是他的个性。

他实为富豪却形似乞丐，这个地主蓄有一千以上的死魂灵，要寻出第二个在仓库里有这么多的麦子、麦粉和农产

物，在客房里也充塞着尼绒和麻布、生熟羊皮、干鱼以及各种蔬菜和果子的人来实在不大容易，然而他本人的吃穿用度却极端寒碜。他的衣服很像一件妇人的家常衫子，且沾满了面粉，后背还有一个大窟窿；头上戴的帽子正如村妇所戴的，颈子上也围着一种莫名其妙的东西，是旧袜子、腰带还是绷带，不能断定，但绝不是围巾。他的卧室，如果没有桌子上的一顶破旧睡帽作证，任谁也不相信这房子里是住着活人的。他的屋子里放着“一个装些红色液体，内浮三个苍蝇，上盖一张信纸的酒杯……一把发黄的牙刷，大约还在法国人攻入莫斯科之前，它的主人曾经刷过牙的”。泼留希金虽家存万贯，但对自己尚且如此吝啬，对他人就更可想而知了。女儿成婚，他只送一样礼物——诅咒；儿子从部队来信讨钱做衣服也碰了一鼻子灰，除了送他一些诅咒外，从此与儿子不再相关，而且连他的死活也毫不在意。他的粮堆和草堆都变成了真正的粪堆，只差还没人在这上面种白菜；地窖里的面粉硬得像石头一样，只好用斧头劈下来……泼留希金已经不大明白自己有些什么了，然而他还没有够，每天聚敛财富，而且经他走过的路，就用不着打扫，他甚至还偷别人的东西。这就是泼留希金的所作所为。

这四大吝啬鬼，年龄相仿，脾气相似，有共性，又有各自鲜明的个性特征。简言之，泼留希金的迂腐，夏洛克的凶狠，阿巴贡的多疑，葛朗台的狡黠，构成了他们各自的气质与性格。

《圣经》对西方文学的影响

《圣经》对西方文学的影响是人所共知的，无论是中世纪的骑士文学、三大戏剧（神秘剧、道德剧和奇迹剧），还是文艺复兴以来的大量文学作品，都能从中看到《圣经》的深刻影响。

《圣经》

意大利最伟大的文学家但丁写下了不朽的名著《神曲》，他把该书分为“地狱”、“炼狱”和“天堂”三大部分，从中可以看出他受天主教影响之深。但丁描写自己由地狱到天堂的行程，实际反映了《圣经》的思想：人如何摆脱罪恶，使灵魂得到净化，最终使心灵得到完善，

归向上帝。在但丁之后产生的人文主义者薄伽丘、拉伯雷、彼特拉克等人的著作，在揭露教会腐败的同时，积极宣传了基督的爱，宣讲基督教宽容、顺从的精神。

英国文艺复兴时期伟大的剧作家莎士比亚的作品，虽没有一部属于宗教题材，但所有作品无一不渗透基督教的原罪观——“善恶一体”的思想，认为“罪”与“恶”本属人性，因此，莎士比亚笔下没有纯粹的善人，也没有纯粹的恶人。莎士比亚的作品同时也反映了上帝的爱，面对有罪的人类，上帝用无私之爱，仁慈地对待他们，拯救他们。这种上帝永恒的爱和宽恕精神贯穿于莎士比亚的所有戏剧之中。

英国清教徒作家班扬的名著《天路历程》，通过一个基督徒历尽艰辛、冲破重重障碍，最后抵达天国的经历，揭露了英国王朝复辟时代的社会现实。书中充满清教徒的虔诚，表明只有坚定对上帝的信念，才能进入天国之门。

英国浪漫派诗人拜伦和雪莱对宗教似乎并不虔诚，但是即便如此，他们的文学作品也深受基督教精神和《圣经》的影响。拜伦的诗剧《该隐》，以《创世纪》中该隐杀弟的故事为素材，塑造出一位反抗上帝、追求真理的青年英雄形象。整个诗剧探讨了基督教所关心的人类受苦、犯罪和死亡的根源。而自称“无神论者”的雪莱，早年就专心于圣经文学，在《基督教论》一书中更是盛赞耶稣宽厚仁善的美德和无畏的革命精神。

近代欧洲大批著名文学家，无论是不是基督教徒，其作品中都渗透了基督教的博爱思想。比较典型的如丹麦安徒生的童话，法国雨果的《悲惨世界》和《巴黎圣母院》，英国狄更斯的《双城记》和《艰难时世》等，这些作品都对基督教提倡的博爱、自我牺牲的精神推崇备至。俄国杰出作家普希金的许多诗篇都透露出他对宗教的双重态度。托尔斯泰的长篇小说《复活》集中反映了作者的基督教信仰，他一直把耶稣的教导视为神圣而永恒的真理，并以此教诲批判与之相悖的现存教会的神学及其教义。

世界三大短篇小说家

莫泊桑

19世纪法国著名的批判现实主义小说家。1880年发表第一篇短篇小说《羊脂球》，此后陆续写了一大批思想性和艺术性完美结合的短篇小说，博得“世界短篇小说巨匠”的赞誉。他的创作广泛而深刻地反映了19世纪后半期的法国社会现实，无情地揭露了资产阶级道德风尚的丑恶，对下层社会的“小人物”寄予同情。他的小说构思新颖，描写生动，人物语言个性化，布局谋篇别具匠心，代表作有短篇小说《羊脂球》、《项链》等，长篇小说《一生》、《俊友》（又译做《漂亮朋友》等。

契诃夫

19世纪末20世纪初俄国批判现实主义作家、戏剧家和短篇小说艺术大师。他的早期创作讽刺和揭露了俄国社会官场人物媚上欺下的丑恶面目，写得妙趣横生，发人深思。80年代中期，他创作了既幽默又富于悲剧色彩的短篇小说，反映了社会底层人民被侮辱被损害的不幸生活，具有深刻的思想意义。代表作有短篇小说《变色龙》、《苦恼》、《万卡》、《第六病室》、《套中人》等。

契诃夫

欧·亨利

19世纪末20世纪初美国现实主义著名作家，曾被诬告入狱三年，后迁居纽约，专事写作，他几乎每周写一篇短篇小说，供报刊发表。他一生创作了近三百篇短篇小说和一部长篇小说，对腐朽的资本主义制度、反人道的法律、虚伪的道德给予揭露和讽刺。代表作有长篇小说《白菜与皇帝》，短篇小说《麦琪的礼物》、《警察与赞美诗》等。

世界十大文学名著

世界文学名著浩如烟海，究竟哪十部是世界之最呢？根据《纽约时报》和美国《读者文摘》2000年组织的横跨欧、亚、美、澳、非五大洲百城十万读者的投票调查，精选出以下十部经典长篇文学名著。这十部文学名著是英国、法国、俄国、美国最具世界性的文学大师最有影响的代表作，应该说，称之为世界十大文学名著是当之无愧的。

《战争与和平》——（俄）列夫·托尔斯泰

《战争与和平》问世至今，一直被人称为“世界上最伟大的小说”。这部卷帙浩繁的巨著以史诗般广阔与雄浑的气势，生动地描写了1805年～1820年俄国社会的重大历史事件和各个生活领域，具有极大的思想和艺术容量。

《战争与和平》

《童年》《在人间》《我的大学》——（俄）高尔基

《童年》《在人间》《我的大学》是苏联作家高尔基的自传体三部曲，描写了作家从生活的底层攀上文化顶峰、走向革命的艰难道路，同时也反映了19世纪70年代～80年代俄国劳动者追求真理的曲折历程，是一部既有深刻的教育意义，又有巨大的艺术魅力的优秀作品。

高尔基

《悲惨世界》——（法）雨果

《悲惨世界》一出版，就获得了巨大成功，人们如饥似渴地阅读，都被一种不可抗拒的力量所征服了。时间和历史作出了判断。《悲惨世界》作为人类思想产生的一部伟大作品，已为全世界所接受，作为文学巨著的一座丰碑，也在世界文学宝库中占有无可争议的不朽地位。

《巴黎圣母院》——（法）雨果

巨著《巴黎圣母院》描述的是一个美丽、浪漫但又悲惨的爱情故事。被父母遗弃的驼背卡西莫多，在一个偶然的场合被副主教克洛德·孚罗洛收养为义子，长大后又当了巴黎圣母院的敲钟人。卡西莫多虽然长相十分丑陋而且有多种残疾，却始终保持着一颗高尚、纯洁的心，其精神十分值得现代人学习。

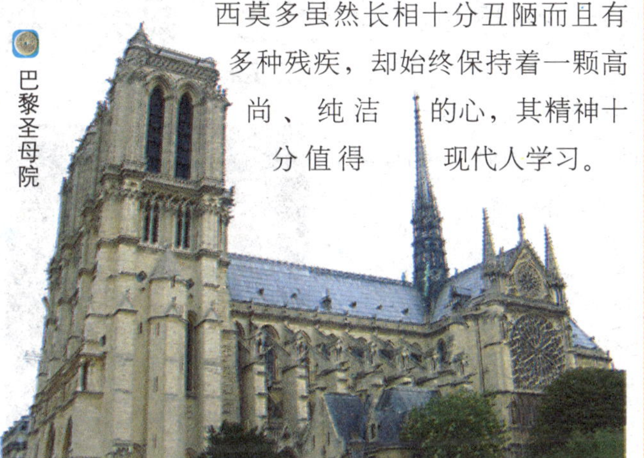
巴黎圣母院

《呼啸山庄》——（英）艾米莉·勃朗特

全书充满强烈的反抗压迫、争取幸福的斗争精神，又始终笼罩着离奇、紧张的浪漫气氛。它开始曾被人看做是年轻女作家脱离现实的天真幻想，但结合其所描写地区激烈的阶级斗争和英国的社会现象，它不久便被评论界高度肯定，并受到读者的热烈欢迎。

《大卫·科波菲尔》——（英）狄更斯

这本书广泛而深刻地描写了工业资本社会生活

狄更斯

的各个方面，鲜明而生动地刻画了各阶层的代表人物形象，并从人道主义出发对各种丑恶的社会现象及其代表人物进行了揭露批判，对劳动人民的苦难及其反抗斗争给以同情和支持。但同时作者也宣扬以“仁爱”为中心的忍让宽恕和阶级调和思想，对劳动人民的反抗斗争抱行动上支持而道德上否定的矛盾态度，表现了他的现实主义的强大力量和软弱空想。

《红与黑》

《红与黑》——（法）司汤达

这本书不但为我们展示了一个病态爱情的悲剧，也为我们展示了在红道势力和黑道势力统治下的法国社会的黑暗和丑恶。

《飘》——（美）玛格丽特·米切尔

美国女作家玛格丽特·米切尔仅仅写了一部作品就名扬天下，并在文坛上占有一席之地，可见她唯一的作品《飘》的影响力。

《飘》

《约翰·克利斯朵夫》——（法）罗曼·罗兰

《约翰·克利斯朵夫》是一部十卷二千页的小说，它是一个对音乐天才艺术发展过程的精雕细琢的记录。罗曼·罗兰描绘书中主人公的心理活动，取得了巨大的成功。此外，他还消除了法国与德国之间的艺术隔阂。约翰·克利斯朵夫的经历也就是每一个丢掉过去、开拓将来的天才人物的经历。1915年罗兰获得诺贝尔文学奖，主要是由于创作了《约翰·克利斯朵夫》这部巨著。

《约翰·克利斯朵夫》

《安娜·卡列尼娜》——（俄）列夫·托尔斯泰

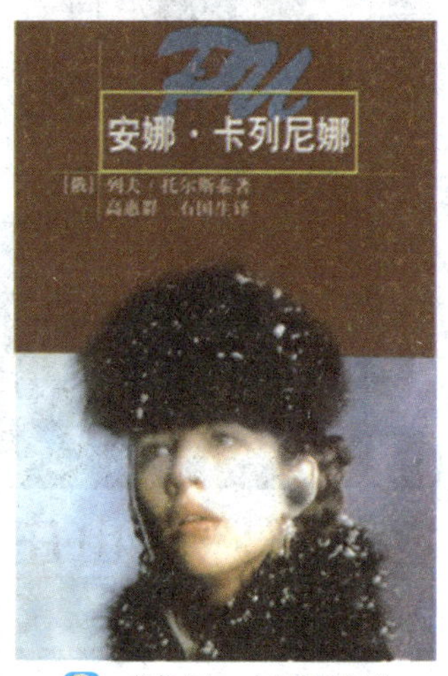

《安娜·卡列尼娜》

列夫· 托尔斯泰在1877年完成《安娜·卡列尼娜》之后，轰动了整个文坛。

罗曼·罗兰的艰苦历程

罗曼·罗兰（1866～1944），法国思想家、文学家，也是一个人道主义者。罗曼·罗兰除了在文学界享有不朽的声誉外，也是研究贝多芬最认真的一位专家，以《贝多芬传》为蓝本所发表的《约翰·克利斯朵夫》更是世界文学中的经典。

1866年1月29日，罗曼·罗兰出生在法国中部的一个小镇。因为其父母双方祖上三代都是律师，所以这是一个在当地颇受尊敬的家庭。而其父给儿子起名为罗曼和保罗爱弥尔，也是希望他能像古罗马作家普卢塔克笔下的罗马英雄一样具有强力的精神和超凡的天赋。

在这一点上日后的罗曼·罗兰并没有让父亲的愿望落空。但罗曼·罗兰小的时候身体却并不健康，有一次还因为仆人的疏忽，不到一岁的小罗曼·罗兰被单独放在寒冷的户外，差点冻死。

少年的罗曼·罗兰一直是体弱多病的。对于一直溺爱他的双亲来讲，最好的保护方法就是把他禁锢在家里。而这与小罗曼·罗兰向往自然的天性发生了激烈的冲突。他在回忆这段童年生活的时候，用了“鼠笼”这个词来形容当时的处境。

这个“鼠笼”最大的弊端就是扼杀了小罗曼·罗兰的“精神自由”。他无法像其他的孩子那样到田野间放牛牧羊，无法在广袤的大自然中嬉戏玩耍。而这竟导致了幼小的罗曼·罗兰对生命和死亡的困惑和恐惧。

在罗曼·罗兰5岁那年，比他小两岁的妹妹突然因为白喉症被夺去了生命。而这个事件所引发的直接后果就是父母对罗曼·罗兰更加严厉的“保护”，而妹妹的死亡也让幼小的罗曼·罗兰无形中增加了对死亡的恐惧和困惑。

由于小罗曼·罗兰的家庭在当时属于体面的中产阶级，而其父母对于孩子的教育也是极为重视，所以在罗曼·罗兰14岁那年，为了让他接受优良的教育，他们一家人迁往了巴黎这座艺术之都。

这次迁居对于罗曼·罗兰的一生来说是

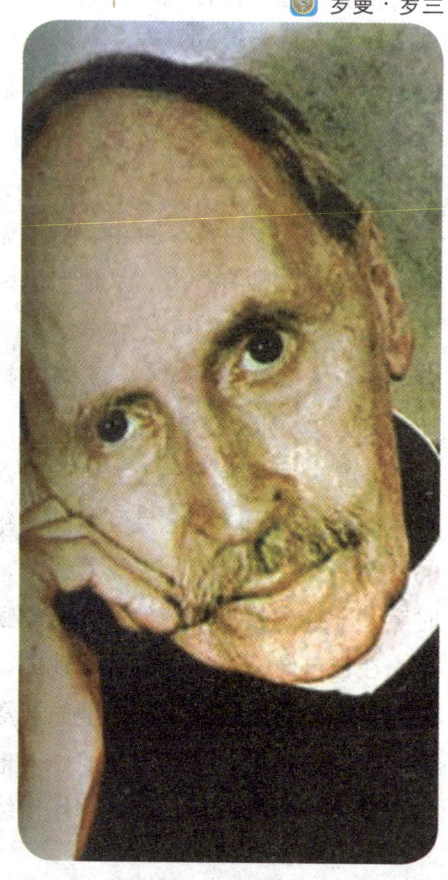
罗曼·罗兰

一次重大的转折。在巴黎这座大都市里，年少的罗曼·罗兰开始是极为不适应的，在他看来“大城市是庞然可畏的有机体，那里灵智的微生物会像一切痼疾的霉菌那样迅速繁殖。假如新来者不能立即顺从，就必须经过一段漫长而痛苦的时期，使他们的血能适应这些毒素”。而在这其中最重要的是对于内向且爱幻想的罗曼·罗兰来说，他失去了信仰的家园，都市疯狂的节奏和学校的混乱情形，让年少的他充满了矛盾和困惑。

就在这个时候，罗曼·罗兰开始接触到了莎士比亚、伏尔泰等大师的作品，他那荒芜的精神领地再次焕发了生机。而且十分幸运的是在一次拜访朋友的途中，他遇见了当时的大文豪雨果。这次会面显然给了罗曼·罗兰极为深刻的印象。

在罗曼·罗兰的一生中，对他影响重大的艺术大师有很多，从他自己为这些伟人写的传记人们可以如数家珍：《贝多芬传》、《歌德与贝多芬》、《托尔斯泰传》、《米开朗琪罗传》……

罗曼·罗兰在罗马上大学的时候，曾认识了一对漂亮的意大利姐妹。年少的罗曼·罗兰对她们都充满了爱慕，一时竟不知道到底喜欢她们两人中的哪一个，在自己像猜拳一样的独角戏中，暗自体味着恋爱的苦恼。而当他鼓起勇气试图表白的时候，才发现两姐妹对他根本没有那方面的意思，于是这场自编自演的戏剧也到此画上了句号。对这次初恋的回忆，罗曼·罗兰在回忆录中写道：“我还不懂得独立思考，却自我陶醉在感情空虚的悲歌里。”而他的处女作也从此诞生了——一部名为《罗马的春天》的小说。

罗曼·罗兰的第一任妻子是一位犹太姑娘，她的父亲是语言学家，在巴黎的学术界有着很高的威望。

在他自己的回忆录里曾这样描述当时的婚姻生活：“小小的喜悦、失望、好笑，或者奇异且有时悲伤的日子里，我们像兄妹一样互相倾诉。我们还以相同的眼光来批判这社会。我的妻子有观察与剖析心理的天分，这一点与我一致，也与我互补……我的妻子是一位音乐家，和我差不多；音乐在我们的爱情中占了很大的地位……”

看得出来，起初的婚姻生活是波澜不惊的，很和谐也很美满。但后来的情形就发生了变化。罗曼·罗兰在这期间创作了大量的作品，而这些剧本或是小说却很难有上演和出版的机会。因为巴黎实在太大了，罗曼·罗兰一个外省人在这里凭着自己微薄的力量根本无法立足，每一次都要靠妻子的帮忙，才能获得一些表现的机会。妻子始终认为“只有被别人认可的，才是有用的东西，或者说任何创作的目的都应具有实际利益的出人头地的追求”（大概每一个女人都是这样劝说自己的伴侣，然后名曰“这是有上进心的表现”），而这一切使罗曼·罗兰越来越感到是在受别人的恩惠，他宁愿为了尊严而放弃现实的利益。在几次毫无价值的讨论中罗曼·罗兰始终没有和妻子达成共识，最终结束了他们长达八年的婚姻。

而在离婚以后四处碰壁的生活，和那些艰辛的体验却恰恰为他以后的创作带来了真实的体验和灵感。

后来的罗曼·罗兰便写下了那部世界闻名的巨著《约翰·克利斯朵夫》。并且在第一次世界大战爆发的时刻，能凌驾于国家边界、种族矛盾等问题之上，写下了被众多有识之士赞誉的《超乎混乱之上》。虽然当时的法国当局对他嗤之以鼻，但他仍然相信自己的观点是正确的、是正义的。

1916年瑞典文学院宣布这一年的诺贝尔文学奖得主是罗曼·罗兰。这个已经被当时的法国抛弃的人，在得知自己获奖以后，答复说：“这个荣誉不是我个人的，它是属于整个法兰西人民的。如果这个荣誉有助于传播使法国在全世界受到热爱的各种思想，我感到幸福。”

这种博大的胸襟正如在《约翰·克利斯朵夫》中描写的那样：“他不知道自己满腔的热爱在四周发射出光芒，而便是在这个时候，他自以为永远孤独的时候，他所得到的爱比世界上最幸福的人还要丰富。”

1944年8月24日，巴黎解放。

1944年12月30日，罗曼·罗兰走完了他的生命旅程。

俄罗斯的文学太阳：普希金

亚历山大·谢尔盖耶维奇·普希金(1799～1837)，19世纪俄国浪漫主义文学的主要代表，同时也是现实主义文学的奠基人。他诸体皆擅，创立了俄罗斯民族文学和文学语言，在诗歌、小说、戏剧乃至童话等文学各个领域都给俄罗斯文学提供了典范。普希金还被高尔基誉为“一切开端的开端”。

19世纪初的俄国处在内忧外患的痛苦转型中，彼得大帝的改革使古老的俄国在万分不情愿中逐渐摆脱了生存已久的农奴制，在向西方的借鉴与学习中向近代化靠近，俄罗斯文学也在艰难的蜕变中寻求新生，开始了俄罗斯文学的复兴。

普希金

在这种时代背景中产生了代表着民族精神的文化巨人——普希金。普希金是俄罗斯文学的奠基人，是“俄罗斯民族的太阳”，“他在俄国文学史上的地位等同于意大利的但丁、英国的莎士比亚、德国的歌德”。

他1799年6月6日出生于莫斯科一个贵族家庭，在浓厚的文学氛围中长大。童年时代，他由法国家庭教师管教，接受了贵族教育，8岁时已可以用法语写诗。普希金家中藏书丰富，他的农奴出身的保姆常常给他讲述俄罗斯的民间故事和传说，使得他从小就领略了丰富的俄罗斯语言，对民间创作产生了浓厚兴趣。

1811年，普希金进入贵族子弟学校皇村学校学习，年仅12岁就开始了其文学创作生涯。1815年，在中学考试中他朗诵了自己创作的《皇村回忆》，表现出了卓越的诗歌写作才能，特别是他诗作韵文的优美和精巧得到了广泛的赞赏。在早期的诗作中，他效仿浪漫派诗人巴丘什科夫和茹科夫斯基，学习17～18世纪法国诗人安德列谢尼埃的风格。在皇村中学学习期间，他还接受了法国启蒙思想的熏陶并且结交了一些后来成为十二月党人的禁卫军军官，反对沙皇专治、追求自由的思想初步形成。

普希金毕业后到彼得堡外交部供职，在此期间，他深深地被以后的十二月党人及其民主自由思想所感染，参与了与十二月党人秘密组织有联系的文学团体“绿灯社”，创作了许多反对农奴制、讴歌自由的诗歌，如《自由颂》（1817年）；《致恰达耶夫》（1818年）；《乡村》（1819年），1820年，普希金创作童话叙事长诗《鲁斯兰与柳德米拉》。故事取材于俄罗斯民间传说，描写骑士鲁斯兰克服艰难险阻战胜敌人，终于找回了新娘柳德米拉。普希金在诗中运用了生动的民间语言，从内容到形式都不同于古典主义诗歌，向贵族传统文学提出了挑战。

普希金的这些作品引起了沙皇政府的不安，1820年他被外派到俄国南部任职，这其实是一次变相的流放。在此期间，他与十二月党人的交往更加频繁，参加了一些十二月党的秘密会议。他追求自由的思想更明确、更强烈了。普希金写下《短剑》（1821年）、《囚徒》（1822年）、《致大海》（1824年）等名篇，还写了一组“南方诗篇”，包括《高加索的俘虏》（1822年）、《强盗兄弟》（1822年）、《巴赫切萨拉依的泪泉》（1824年）、《茨冈》（1824年）四篇浪漫主义叙事长诗。他还写了许多优美的抒情诗如《太阳沉没了》(1820年)等，这些表达了诗人对自由的强烈憧憬。从这一时期起，普希金完全展示了自己独特的风格。

1824年～1825年，普希金又被沙皇当局送回了普斯科夫省他父母的领地米哈伊洛夫斯克村，在这里他度过了两年幽禁期间，创作了近百首诗歌，他搜集民歌、故事，钻研俄罗斯历史，思想更加成熟，创作上的现实主义倾向也愈发明显。1825年他完成了俄罗斯文学史上第一部现实主义悲剧《鲍里斯·戈都诺夫》的创作。

1826年，沙皇尼古拉一世登基，为了笼络人心，把普希金召回莫斯科，但他仍处于沙皇警察的秘密监视之下。普希金没有改变对十二月党人的态度，他曾对新沙皇抱有幻想，希望尼古拉一世能赦免被流放在西伯利亚的十二月党人，但幻想很快破灭，于是他创作了政治抒情诗《致西伯利亚的囚徒》，表达自己对十二月党理想的忠贞不渝。

1830年秋，普希金在他父亲的领地度过了三个月，这是他一生创作的丰收时期，在文学史上被称为“波尔金诺的秋天”。他完成了自1823年开始动笔的诗体小说《叶甫盖尼·奥涅金》，塑造了俄罗斯文学中第一个“多余人”的形象，这成为他最重要的作品。还写了《别尔金小说集》和四部诗体小说《吝啬的骑士》、《莫扎特与沙莱里》、《瘟疫流行的宴会》、《石客》以及近30首抒情诗。《别尔金小说集》中的《驿站长》一篇是俄罗斯短篇小说的典范，开启了塑造“小人物”的传统，他的现实主义创作炉火纯青。

1831年普希金迁居彼得堡，仍然在外交部供职。他继续创作了许多作品，主要有叙事长诗《青铜骑士》（1833年）、童话诗《渔夫和金鱼的故事》（1833年）、短篇小说《黑桃皇后》（1834年）等。他还写了两部有关农民问题的小说《杜布洛夫斯基》（1832年～1833年）、《上尉的女儿》（1836年）。

1836年普希金创办了文学杂志《现代人》。该刊物后来由别林斯基、涅克拉索夫、车尔尼雪夫斯基、杜勃罗留波夫等编辑，一直办到19世纪60年代，不仅培养了一大批优秀的作家，而且成为俄罗斯进步人士的喉舌。

普希金的创作和活动令沙皇政府颇感头痛，他们用阴谋手段挑拨法国籍宪兵队长丹特斯亵渎普希金的妻子纳塔利娅·尼古拉耶芙娜·冈察洛娃，结果导致了1837年普希金和丹特斯的决斗。决斗中普希金身负重伤，1837年2月8日不治身亡，年仅37岁。他的早逝令俄国进步文人曾经这样感叹：“俄国诗歌的太阳沉落了。”

普希金作品崇高的思想性和完美的艺术性使他具有世界性的重大影响。他的作品被译成全世界所有的主要文字。普希金在他的作品中所表现的对自由、对生活的热爱，对光明必能战胜黑暗、理智必能战胜偏见的坚定信仰，他“用语言把人们的心灵燃亮”的崇高使命感和伟大抱负深深感动着一代又一代的人。天才的杰作，激发了多少俄罗斯音乐家的创作激情和灵感。以普希金诗篇作脚本的歌剧《叶甫盖尼·奥涅金》、《鲍里斯·戈都诺夫》、《黑桃皇后》、《鲁斯兰与柳德米拉》、《茨冈》等，无一不是伟大的音乐作品；普希金的抒情诗被谱上曲，成了脍炙人口的艺术歌曲；还有的作品被改编成芭蕾舞，成为舞台上不朽的经典。

为了纪念普希金，人们把他出生的皇村改名为普希金。现在这里已经成为著名的旅游景点，著名的波尔金诺村也在这附近。

诺贝尔奖的由来

诺贝尔奖是以瑞典著名化学家、工业家、硝化甘油炸药发明人阿尔弗雷德·伯恩德·诺贝尔(1833～1896)的部分遗产作为基金创立的。诺贝尔奖包括金质奖章、证书和奖金。

诺贝尔出生于瑞典的斯德哥尔摩。他一生致力于炸药的研究，在硝化甘油的研究方面取得了重大成就。他不仅从事理论研究，而且进行工业实践。他一生共获得技术发明专利355项，并在欧美等五大洲20个国家开设了约100家公司和工厂，积累了巨额财富。

阿尔费雷德·伯恩德·若贝尔

1896年12月10日，诺贝尔在意大利逝世。逝世的前一年，他留下了遗嘱。在遗嘱中他提出，将部分遗产（3100万瑞典克朗，当时合920万美元）作为基金，用于低风险的投资，以其每年的利润和利息分设物理、化学、生理或医学、文学及和平五项奖金，授予世界各国在这些领域对人类作出重大贡献的人或组织。

据此，1900年6月瑞典政府批准设置了诺贝尔基金会，并于次年诺贝尔逝世5周年纪念日，即1901年12月10日首次颁发诺贝尔奖。自此以后，除因战时中断外，每年的这一天分别在瑞典首都斯德哥尔摩和挪威首都奥斯陆举行隆重的授奖仪式。

诺贝尔和平奖的评选结果每年都是最先公布的，早于其他奖项的公布，这反映了和平奖的重要性。诺贝尔因发明硝化甘油炸药而致富，他本希望该发明广泛用于工业（如采矿、建筑）用途，但很可惜，他的发明曾被用于战争。在生前，诺贝尔希望全世界的科学家，不论工作的领域是什么，都要为人类和平作出贡献。

1968年，瑞典中央银行于建行300周年之际，提供资金增设诺贝尔经济奖（全称为“瑞典中央银行纪念阿尔弗雷德·伯恩德·诺贝尔经济科学奖金”，亦称“纪念诺贝尔经济学奖”），并于1969年开始与其他5项奖同时颁发。诺贝尔经济学奖的评选原则是授予在经济科学研究领域作出有重大价值贡献的人，并优先奖励那些早期作出重大贡献者。

1990年诺贝尔的一位重侄孙克劳斯·诺贝尔又提出增设诺贝尔地球奖，授予杰出的环境成就获得者。该奖于1991年6月5日世界环境日首次颁发。

诺贝尔奖的奖金数视基金会的收入而定，早期的范围约从11000英镑（31000美元）到30000英镑（72000美元）；受通货膨胀和基金会的投资收益影响，逐年有所提高，60年代为7.5万美元，80年代达22万多美元，90年代至今持续多年都是1000万瑞典克朗（在2006年颁奖的时候约合145万美元）。金质奖章约重270克，内含黄金23K，奖章直径约为6.5厘米，正面是诺贝尔的浮雕像，不同奖项奖章的背面饰物不同。每份获奖证书的设计也各具风采。颁奖仪式隆重而简朴，每年出席的人数早期限于1500人～1800人之间，现在是2000人左右。出席的男士要穿燕尾服或民族服装，女士要穿晚礼服，仪式中所用的白花和黄花必须从圣莫雷（意大利城市，诺贝尔逝世的地方）空运来，这意味着对诺贝尔的纪念和尊重。

根据诺贝尔遗嘱，在评选的整个过程中，获奖人不受任何国籍、民族、意识形态和宗教的影响，评选的唯一标准是成就的大小。

遵照诺贝尔遗嘱，物理奖和化学奖由瑞典皇家科学院评定，生理或医学奖由瑞典皇家卡罗林医学院评定，文学奖由瑞典文学院评定，和平奖由挪威议会选出。经济奖委托瑞典皇家科学院评定。每个授奖单位设有一个由5人组成的诺贝尔委员会负责评选工作，该委员会三年一届。其评选过程为：

——每年9月至次年1月31日，接受各项诺贝尔奖推荐的候选人。通常每年推荐的候选人有1000人～2000人。

——具有推荐候选人资格的有：先前的诺贝尔奖获得者、诺贝尔奖评委会委员、特别指定的大学教授、诺贝尔奖评委会特邀教授、作家协会主席（文学奖）、国际性会议和组织（和平奖）。

——不得毛遂自荐。

古希腊三大悲剧家

埃斯库罗斯

埃斯库罗斯，公元前525年出生于希腊阿提卡的埃琉西斯，公元前456年逝世于西西里岛上的杰拉，是古希腊悲剧诗人，有“悲剧之父”的美誉。

埃斯库罗斯

埃斯库罗斯出生于一个古老的贵族家庭，在他的青年时代，雅典的暴君被推翻，民主制被引入。他很早就开始喜欢戏剧和阿加索克利斯与阿波罗多的诗。传说狄俄尼索斯在梦中亲自向他传授诗的艺术。埃斯库罗斯早年曾在自己的剧中扮演角色，25岁时他第一次参加雅典的诗人比赛，但没有获胜。

公元前490年他参加马拉松战役，在这场战役中他的兄弟阵亡。公元前480年雅典被毁后他在希腊舰队里参加了萨拉米斯海战。埃斯库罗斯多次去西西里岛，公元前475年他在那里与诗人西摩尼得斯和品达相会。

公元前472年他回到雅典，在那里他的《波斯人》首次上演，这是他对他战时经验的回味。这部剧赢得了诗人比赛的最高奖。公元前468年他输在索福克勒斯手下，但他一生中一共赢得了13次雅典诗人比赛的最佳奖。

他最后一次去西西里时没有能够及时回雅典，传说他是被一只从天上掉下来的乌龟砸死的。他被葬在格拉，他的墓碑上写着：

墓碑下安睡着雅典人埃斯库罗斯，欧福里翁之子，
在丰饶的格拉死亡战胜了他。
但马拉松的战场可以证明他的勇敢，
连长发的米底人也得承认。

据说这段墓志铭是由埃斯库罗斯本人撰写的。

他的死讯到达雅典后，雅典人决定他的剧作可以继续（不作为参赛的剧作）在比赛中上演，只要上演他的悲剧，提出申请的演出者就可以获得免费的助演歌队。

公元前406年阿里斯多芬在与欧里庇得斯竞争时，在他的喜剧《青蛙》中称埃斯库罗斯是高贵的时代的代表和悲剧诗人的榜样。公元前4世纪中埃斯库罗斯的塑像与索福克勒斯和欧里庇得斯的塑像并列在狄俄尼索斯剧院前。

他是第一个在希腊话剧中引入第二个演员的剧作家，通过对话的形式他改革了希腊话剧。他的语言、风格和使用的希腊神话中的故事也深深地影响了后人。他的人物都不是普通人，他们的感情、特性以及他们有力、简短、高雅和生动的语言都超于一般人之上。

据说埃斯库罗斯一共留下了90部剧作(包括山羊剧)，其中79部的名称流传了下来，但其中最著名的20部都遗失了。他的悲剧有七部完整地流传到今天。从他早年的作品到他死前不久的作品有一个明显的艺术

发展过程，他早年的作品叙述相当简单，而晚年的悲剧的戏剧色彩非常浓厚。

埃斯库罗斯的作品

《被缚的普罗米修斯》

上演时间不明，可能在公元前480年以后，是三连剧的第一部或第二部，其他两部已佚，是《送火者普罗米修斯》(可能为第三部或第一部)和《被解绑的普罗米修斯》(可能为第二部或第三部)，配套的山羊剧不明。

《波斯人》

上演于公元前472年，是独立的悲剧，也是现存唯一的取材于历史题材的古希腊悲剧。

《祈援女》

上演于公元前470年以后，是三连剧的第一部，其他两部已佚，可能是《埃古普托斯的儿子们》(或《埃及人》)和《达奈俄斯的女儿们》，配套的山羊剧是《阿慕莫奈》。

《七勇攻忒拜》

上演于公元前467年，是三连剧的第三部，其他两部已佚，是《莱俄斯》和《俄狄浦斯》，配套的山羊剧是《斯芬克斯》。获当年头奖。

《阿伽门农》

《奠酒人》

《善好者》(或称《复仇女神》)

索福克勒斯

索福克勒斯生于公元前496年，死于公元前406年，恰逢雅典的鼎盛时期。在三大悲剧诗人中，他享寿最高，获奖最多。他去世的时候，雅典和斯巴达之间战火再起，诗人的遗体因此无法归葬故里。斯巴达将军闻讯后特别下令停战，让雅典人放心地将其安葬。

索福克勒斯早年就盛名远扬，他从公元前468年在戏剧比赛中赢了埃斯库罗斯，到72岁后败给欧里庇得斯，其间罕有人能与之匹敌。在长达70年的创作生涯中，他共写了130多部悲剧和滑稽剧。他最初以埃斯库罗斯为样板，但很快形成了自己的独特风格。他首先引进了第三个演员，便于更充分地表现剧中人物的冲突。在他的悲剧中，合唱队的重要

索福克勒斯

性大大减低，戏剧对话和动作的重要性大大增强，对话成了戏剧中第一位的东西，成了刻画人物的有力手段。他把许多可怕的剧景引介到剧场，比如，埃阿斯当众自杀、俄狄浦斯刺瞎双眼后再度登台等。其作品流传至今的只有7部，即《埃阿斯》、《俄狄浦斯王》、《安提戈涅》、《厄勒克特拉》、《特拉喀斯少女》、《菲罗克忒忒斯》和《俄狄浦斯在科罗诺斯》。其中，《安提戈涅》和《俄狄浦斯王》最能反映索福克勒斯的创作才能。

《安提戈涅》的大致内容是：安提戈涅的两位兄长波吕涅克斯和厄忒俄克勒斯彼此不和，为争夺王位发生激战，结果同归于尽。克瑞翁以舅父身份继承王位，他宣布曾流亡国外并借助外国力量来争夺王位的波吕涅克斯为叛徒，因而不准任何人埋葬其尸骨。按照古希腊神律，一个人死后如不下葬，他的阴魂便不能进入冥土，而露尸不葬，也会触犯神灵，殃及城邦。安提戈涅义无反顾地尽了亲人应尽的义务。悲剧的结局很惨：安提戈涅在牢中自缢，其未婚夫，克瑞翁的儿子海蒙殉情自杀，克瑞翁的妻子愤而自尽，只剩下克瑞翁一人在那里叹息。

该剧反映了国法与神律、人情之间的冲突，后来的柏克、黑格尔等人都将其归结为不同类型正义准则的冲突。不过在索福克勒斯的笔下，克瑞翁是个僭主，以自己的意志为城邦的意志，把城邦的法律置于神律之上，刚愎自用，残暴凶狠，最后落得一个孤家寡人的下场。

《俄狄浦斯王》最具有震撼力。一向繁荣的忒拜城突然遭到了厄运，土地荒芜，庄稼歉收，牲畜瘟死，妇人流产，城邦在血红的波浪里颠簸不定，全城到处是求生的歌声和苦痛的呻吟。无尽的痛苦折磨着众人，也令爱民如子的国王俄狄浦斯忧心如焚。这一切到底是为什么？俄狄浦斯派人请来了阿波罗的神示：由于多年前一个人所犯的杀死前王拉伊科斯的罪孽，城邦才遭此劫难。只有严惩凶手，才能拯救城邦。

剧情围绕着寻找凶手而进行。全剧共有两个线索。其一是，忒拜牧人曾说拉伊科斯死在三岔口，其妻子伊俄卡斯特曾提到拉伊科斯的相貌、年龄、侍从人数以及被杀的时间，这一切证明俄狄浦斯是杀死拉伊科斯的凶手，但俄狄浦斯仍未想到那人是他的父亲。另一线索是：科任托斯牧人告诉俄狄浦斯，他并非波吕波斯的儿子。当这两个牧人相遇时，两条线索交织在一起，真相也就大白了。该剧通过倒叙的手法，环环相扣，一步步地把戏剧冲突推向高潮，悲剧气氛也随之趋于顶点：伊俄卡斯特自杀，俄狄浦斯自刺双目后离开忒拜城，行乞涤罪。

希腊人笃信命运，这在悲剧中也有所反映。埃斯库罗斯的《奥瑞斯提斯》被看做是命运剧，《俄狄浦斯王》更是命运剧的代表。然而，命运固然是不可战胜的，但俄狄浦斯并不是消极地等待，而是展开英勇的斗争，他的品德，他那种完全不顾自己痛苦的行动，他那种不惜任何代价去寻求真相的决心，本身就是可歌可泣的。可以说，这是一曲人与命运作殊死斗争的悲歌。

欧里庇得斯

欧里庇得斯（公元前480年～公元前406年）一生共创作了九十多部作品，保留至今的有18部。对于欧里庇得斯的评价，古往今来一向褒贬不一，有人说他是最伟大的悲剧作家，也有人说悲剧在他的手中衰亡，无论这些评价如何反复，毋庸置疑的是欧里庇得斯的作品对于后世的影响是深远的。

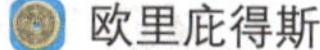欧里庇得斯

欧里庇得斯出身于阿卡提一个贵族家庭，对各类艺术有过全面且系统的学习，他非常醉心于诗和哲学，并用年轻时得到的一笔遗产在家里建了一个收藏丰富的私人藏书室。除非必要，欧里庇得斯很少出席公众场合的社交活动，他淡泊名利，拒绝了大部分希腊当局派给他的职务，但曾在很长一段时期内服兵役。

欧里庇得斯很早就开始尝试悲剧写作，公元前455年首次参加比赛，但那次的比赛很失败，他得了最后一名，观众在演出结束的时候向他的歌队扔垃圾。之后将近二十年里，欧里庇得斯很少动笔创作，在此期间，他对于自己和悲剧这门艺术有了更深的认识。公元前441年，欧里庇得斯第一次在悲剧比赛中获得头奖，可惜的是当时的剧本并没有流传下来。

关于哲学，欧里庇得斯最早曾向阿纳萨戈刺斯学习，这位伟大的自然哲学家第一个提出月亮上的光反射自太阳光，但在希腊内战时，希腊当局将这位满口异端学说的哲学家赶出了希腊，欧里庇得斯对此十分气愤，他在《阿尔刻提斯》中杜撰了一个人物以表达对于驱逐他老师的不平。接着，欧里庇得斯向他的好友普罗塔戈刺斯和普罗狄刻斯这两位诡辩大师学习，但是当时希腊的诡辩术还未发展完善，主要是一些对于神和神话世界的怀疑论题。最后，欧里庇得斯与苏格拉底为友并向他学习。有人说欧里庇得斯的悲剧最大的不足就是

他让他的剧中人在舞台上论述了太多哲学，使整个剧情变得乏味；但从另一方面来看，这些哲学式的台词赋予了其悲剧更多深刻的含义，而且也丝毫不损害其悲剧中的诗意。

欧里庇得斯所生活的年代正处于希腊内战（伯罗奔尼撒战役）期间，希腊表面上的黄金时代正从内部瓦解，内外矛盾不断恶化，与斯巴达人经年累月的战争、和谈、再战争，使得平民越来越贫困，奴隶的待遇越来越苛刻，女人毫无地位可言，只是作为婚姻对方的财产，对此，欧里庇得斯在自己的作品中都公开表示反对，他同情弱者，提倡和平、民主以及平等。由于欧里庇得斯的名气越来越大，希腊当局害怕他作品中的一些对立思想会影响民众而最终将他赶出了希腊，晚年的欧里庇得斯不得不前往马其顿，在马其顿国王的庇护下生活。欧里庇得斯客死异乡后，希腊人曾要求马其顿人将他的尸体送回希腊安葬，但遭到了拒绝，后来人们在希腊的郊外为欧里庇得斯立了一块石碑，上面刻有很好的赞美词句。

欧里庇得斯的时代，悲剧作为一门艺术其形式已经发展完善，而在欧里庇得斯手里，悲剧又经历了一次革新。与前辈们不同，欧里庇得斯的悲剧不再围绕着旧式的英雄主题，而是取材自日常生活，剧中出现了平民、奴隶、农民等人物形象，而剧中所采用的语言也平民化了，很通俗易懂，但这显然大大违背了希腊传统的审美观，当然也不合当局者的口味，因此，伴随着欧里庇得斯作品的常常是质疑和责难。

另外，欧里庇得斯有很多以探讨女性心理为主题的作品，其现存的作品中有12部是以女性为主角的，其中最成功的一部就是《美狄亚》，这部作品对后来西方的文学发展有着很深的影响。

欧里庇得斯的现存作品

公元前441年，《独目巨人》

公元前438年，《阿尔刻提斯》

公元前431年，《美狄亚》

公元前430年，《大力士的女儿》

约公元前430年，《安德洛玛刻》

公元前428年，《希波吕托斯》

公元前424年，《赫卡柏》

公元前421年，《特洛伊的妇女》

公元前414年，《在陶洛人里的伊菲格纳亚》

公元前413年，《厄勒克特拉》

公元前412年，《海伦》

公元前412年，《伊翁》

公元前411年，《腓尼基的妇女》

公元前408年，《俄瑞斯特斯》

公元前407年，《醉酒的女人》

公元前407年，《伊菲格纳亚在奥里斯》

木偶戏起源微探

木偶戏是由幕后演员操纵、用木偶表演的戏剧形式，它是一门“手的技艺”，中国古代又称傀儡戏、魁子、窟子。

木偶戏大约在公元前5世纪开始出现，印度、中国、希腊等文化古国以及西欧的某些地区对此都有文字记载。在北美，表演性的木偶据说是从印第安人的宗教魔术中脱胎出来的。在北非，木偶戏与“面具戏”有密切联系。从世界范围看，这种用木头人“虚拟”表演的戏早于真人演的舞台剧，具有表演性先于、优于文学性的特点。商品经济的出现、市民阶层的兴起，为单人肩担帐篷、流动演出木偶戏提供了广阔天地，于是在世界各地相继产生了一批批民间木偶戏艺人，使木偶戏成为“民间戏剧”、“平民戏剧”的重要组成部分。

中国木偶戏历史久远，三国时马钧制作的木偶人能做击鼓、吹箫、跳丸、掷剑等杂技表演，隋代开始用木偶人表演故事，演出《吕望钓溪》、《刘备乘马过檀溪》、《周处斩蛟》、《秋胡妻赴水》、《巨灵开川》等，共有“七十二势”。中国木偶戏的高超艺术对于邻近国家甚至欧洲都有不同程度的影响，有人认为，俄语和日语中的“窟”与汉语的“傀儡”发音相近，说明这三个地方木偶艺术的发展脉络是近似的。大约在七八百年前，世界上许多地区出现了较具规模的专业木偶剧团(班社)。德国在16世纪出现用木偶演出的民间故事《浮士德》。日本傀儡戏古称“人形净璃”，19世纪成立著名的文乐剧团后，“文乐”即成为传统傀儡戏的通称。19世纪末20世纪初还出现了更正规更专业化的木偶艺术剧院，如苏联的列宁格勒木偶剧院、保加利亚的索非亚木偶剧院、捷克斯洛伐克的斯波捷伯·赫尔文涅克剧院等。

约从20世纪初开始，木偶戏出现了一种新趋势，强调最充分发挥木偶特点，增强“偶味”，多演一些“人”的演员无法表演的戏。于是出现了多种多样的

木偶戏

演出形式，如手套式、托棍式、提线式三者综合演出；真人与木偶同台演出；演员由幕后操纵变为出现在台前，当着观众的面操纵；台下观众与台上木偶混合演出；放映电影与木偶剧混合演出等。30年代之后世界上还出现了电影木偶、电视木偶等，从而使木偶戏剧本有可能更多采用童话和神话题材，越来越多地为亿万儿童观众服务。这是全世界木偶戏的共同趋势。国际木偶剧坛上著名的艺术家如苏联的奥布拉兹卓夫、捷克斯洛伐克的斯库伯、英国的约翰·布伦多尔、罗马尼亚的玛耶露娃、法国的菲利浦·让蒂、日本的川尻泰司等人在木偶戏的创新上作出了杰出的贡献。

在许多国家中，木偶戏这种独特的艺术手段，不仅为戏剧界、教育界所运用，而且遍及各行各业。例如，捷克斯洛伐克就被誉为“木偶之国”，木偶表演随处可见。商店的柜台上，农场收割机的机箱上，码头货物的堆放场中，医院领药处的橱窗口，图书馆出纳台上，到处都可以当成活动场所。这种普及形式的木偶戏，题材广泛，可与各种层次的观众心灵相通。

1929年木偶戏团体的国际组织成立了，即国际木偶协会，80年代有50多个国家成为其成员国。由它所举办的国际木偶艺术节，是木偶艺术界的“奥林匹克”盛会，艺术节为木偶艺术提供了观摩学习的机会，有利于木偶艺术事业的巩固、提高和发展。

木偶戏可依木偶本身的结构和操纵方式分类，也可依戏剧形式分类。按前种方法分类，一般可分为提线式、托棍式及手套式三种。

提线木偶：即悬丝木偶，民间简称为线戏或线偶。线偶身高约二尺，由头、躯干、四肢三个部件构成，在重要关节部位各缀以丝线。线位一般设置在头、腹、背、手臂、手掌、脚趾等部位上，布线少者8条，多者二三十条。幕后演员以拉动丝线来操纵其动作。

托棍木偶：又称杖头木偶，民间简称为托戏或肘偶。托偶身高二尺左右，装有三根操纵杆，主杆（有长把、短把之分）持头，侧杆（两根，有内肘、外肘之分）持双手。舞台下的演员左手持主杆，右手持侧杆，托举偶人操纵其动作。

手套木偶：又名掌中木偶，民间称这种木偶戏为布袋戏，或称指花戏（即指头上的花样）、肩担戏，中国北京俗称“耍苟利子”。手套偶身高8寸或1尺2寸，木脑壳中空，颈下缝合个布内套，连缀四肢，外着服装。操纵者的手掌即活动在此布内套之中，演员的手掌就是偶人的躯干，以食指串上偶人头，大拇指撑着左臂，其他三指并拢撑着右臂。双脚往往任其自然摆动，有时用演员的另一只手拨弄偶人的双脚，模拟着步姿。

按戏剧形式分类，木偶戏可分为歌剧、舞剧、话剧、哑剧等与一般戏剧形式相对应的多种类型。很多木偶戏种是由一般戏剧移植而来的，其配乐、风格、做派与被移植戏剧一致。

皮影戏的诞生

皮影戏是一种用皮制（或纸制）的平展玩偶演出的戏剧形式，它借助灯光把由人操纵的玩偶影像投射在半透明的屏幕上，供观众欣赏。它在许多国家中盛行，虽在表演形式、影人造型、音乐舞蹈及剧目内容上有所不同，但都以操纵为其表演方法，具有傀儡艺术的特点。

皮影戏最早兴起于中国、印度、印度尼西亚、土耳其等亚洲国家，随后传入欧美各国。皮影戏的产生和兴盛大都与宗教活动有关，甚至在近代某些国家中仍作为一种祭礼仪式演出。后来发展起来的欧美国家皮影戏则是一种娱乐性的戏剧艺术。

皮影戏

印度尼西亚的皮影戏，俗称爪哇影戏，又叫“瓦扬皮卫”，是印度尼西亚剧种中最古老的艺术。11世纪时，皮影戏已很盛行。最初它大概是拜佛祭祖仪式的一部分，至今仍在演出前焚香祈祷。皮影戏的表演者被称为“铃吉特”，与僧侣一样受人尊敬。演出的影幕长10尺，高8尺，表演者坐在灯下，右手操纵影人，同时用脚叩打金属板伴奏，左手敲打箱子，来指挥乐队，并随着影人的动作诉说台词。“瓦扬”的影人是用水牛皮刻制成，面部富于怪诞的情趣，双臂过长，关节活动少，透明度差，照射在影幕上成为灰色的影子。演出一般由晚间至次日拂晓，剧目内容多取材于印度史诗《摩诃婆罗多》和《罗摩衍那》以及印尼民间传说和为民族自由而斗争的故事。自18世纪以来，皮影戏成为岛上唯一的大众艺术形式。

巴厘的皮影戏与爪哇基本相同，但人形较大、音乐较差，其宗教色彩较爪哇更浓。在苏门答腊和马来半岛也都有皮影戏。

泰国的皮影戏叫做“南”，大约在12世纪通过马来半岛传入泰南地区，与爪哇影戏相似，表演是通过幕后的火光将影像投射在挂起的白色屏幕上，使人观看影子。“南”的影人较大，没有活动关节，实际用两根棍支撑着影人进行表演。由于这种影戏的影响，逐渐形成了泰国的新舞剧艺术“孔剧”，在亚洲舞剧中享有盛誉。

马来西亚、缅甸、柬埔寨、越南等国也都有过皮影戏，形式与爪哇、巴厘的影戏大同小异，可能是受爪哇影响而发展起来的。

印度的皮影戏形式与爪哇、巴厘、泰国等相同，似有相互承袭关系。其影人是半透明的皮影，在露天广场表演，演出时间也是从晚间到凌晨。

土耳其称皮影戏为“卡拉居士”，在15世纪颇为流行。它的对白切中时弊，幽默辛辣，语言隽永，16～17世纪时成为从割礼到宫廷娱乐和一切喜庆仪典中必不可少的一种演出。19世纪后在斋月期间，是人们唯一的娱乐形式。

“卡拉居士”在表演时一面耍弄影人，一面说着台词，一般没有脚本，没有音乐伴奏，以对话为主，内容是艺人现编现演，对话的长短取决于艺人的才思，还要善于模仿各种各样的人和动物。土耳其的皮影人是用骆驼皮制作的，关节能活动，雕刻较简单，着色方法有特色，影人有35～40公分高，适于演滑稽戏。土耳其的皮影戏对埃及、沙特阿拉伯、突尼斯、摩洛哥等国都有一定的影响。

伊朗皮影戏在14世纪时已经出现，波斯历史学者瑞师德丹丁曾指出:当成吉思汗的儿子继承统治的时候，有中国的演员到波斯，演员在幕后表演特别的戏曲（指皮影戏），证明那时传入波斯。据说土耳其的皮影戏是由波斯流传过去的。

日本是以偶人著称的国家，但皮影戏远不如木偶戏那么发达。《日本游戏史》中说，在1674年时日本已有职业性的影戏演出。日本剪纸影戏的人形是用黑纸或油纸制作的，用长竹签子耍弄做出各种动作。现代在日本有代表性的影戏班有藤城清治的“木马座”、藤泰隆等人的“稻草人座”。

欧美的皮影戏大都受亚洲的影响，最早出现在意大利，遂形成欧洲影戏形式。影人是黑色的，不涂彩色，影子的大小利用影人在幕后的不同距离来表现。当时的内容大都是东方的，后来改用了自己的剧本。皮影戏在16世纪传入法国，据说是由神父居阿罗德将中国影戏介绍给法国的，法国称中国影戏为“昂波齐说哇”(Ombtescninoises)。1770年由多米尼克·塞拉芬在中国影戏的基础上创建了法兰西影戏，直到20世纪仍有“黑猫”剧院和其他影戏班在演出。

德国的皮影戏据说在17世纪已经出现，但大都是法国的。20世纪初，中国的皮影戏才正式传入德国。在德意志联邦共和国有能演中国影戏的“三梅影戏班”及民间影戏班在活动。

皮影戏传入英国的伦敦大约在1776年前后，曾以“美丽的影子”的名称演出，后渐衰落。

苏联影戏的影人，是由着色的皮革、油纸制作的，在灯源和幕布之间，由操纵者用小木棍或金属线耍弄影人。19世纪托罗佩茨市的民间影戏很出名，1918年艺术家N.C.叶菲莫夫兄弟在莫斯科组织影戏剧院，1937年在莫斯科建立了影剧院。80年代莫斯科皮影剧团还在演出，保留剧目有《猫的房子》等。

匈牙利的爱斯特木偶剧团于1972年发展了皮影技术，用3个平列的灯源照亮银幕，使皮影直接上银幕。

美国最初的皮影戏据说是由希腊移民带去的“卡拉居士”，在芝加哥、底特律可见到，但很不普及。在美国的纽约，唯一的中国皮影职业剧团“悦龙皮影剧团”每年在各地巡回演出60场左右，很受观众欢迎。

加拿大和澳大利亚都有皮影剧院，也在进行演出。

非洲的埃及、利比亚、摩洛哥、突尼斯等也都有过皮影戏的演出，现代已逐渐衰亡。

在皮影戏广泛流传影响下，德国人洛特·赖尼格尔发明了第一部长动画片《艾哈默德王子历险记》，随后有德国舒马赫的《哈里发之鹤》(1923年)、日本坪内逍遥自编的儿童剧《戴古式礼帽的人与猴群》，使影戏电影化盛极一时，后来被有声电影所代替。

百老汇

“百老汇”实际上有三个含义：第一个概念是地理概念，指纽约市时代广场附近12个街区以内的36家剧院；第二层含义是在百老汇地区进行的演出；第三层含义是整个百老汇这个产业，这样的产业也包括在纽约市以外的地区，主要以演出百老汇剧目为主的这些剧院。

总的来说，百老汇是西方戏剧行业的一个巅峰代表，在戏剧和剧场这个行业代表着最高级别的艺术成就和商业成就。

我们今天所说的百老汇的概念仅指在百老汇地区进行的演出，目前的演出大部分是音乐剧，主要原因是在百老汇地区上演音乐剧所能得到的资金和财力的支持比其他地区多。

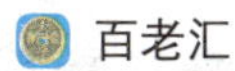
百老汇

百老汇的公司和企业主要分为三种:第一是剧院经营商，第二是制作商，第三是节目经纪商。剧院经营商一般拥有或者长期租用剧院，并负责剧院的日常工作等技术方面的要素。制作商指的是开发并创作百老汇节目的公司，他们一方面要负责获取所有的创作作品的法律权利包括知识产权等，另一方面要负责筹集资金，还要监督节目的开发过程以保证节目的成功。节目经纪商是制作商和剧院经营商之间的中间人。

百老汇（Bradway）原意为宽街。它是指纽约市中以巴特里公园为起点、由南向北纵贯曼哈顿岛、全长25公里的一条长街。大街两旁高耸云端的大楼栉比鳞次，坐落着威名远扬的华尔街证券交易所以及麦迪逊广场、时报广场等代表美国金融巨头和商业大亨的许多划时代建筑。最为醒目的是，在百老汇大街41街至53街之间汇集起了众多遐迩闻名的剧院，随着剧院的发展壮大，这里的戏剧表演艺术取得了无与伦比的成就，进而使现代人每每提起百老汇，似乎都已忽略了它的“宽街”本义，而把它同戏剧表演艺术融为一体，使它成了世界戏剧艺术永恒魅力的象征和代表。不过百老汇可不是一家剧院，而是一条街上的几十家剧院。当年戏剧活动的全盛时期，百老汇号称“伟大的白色大道”，有过80家剧院的辉煌历史，后来娱乐业中的后起之秀不断蚕食它的地盘，到现在只余下近40家剧院了，而且像我们在分布图上看到的那样，多数都不在百老汇大街上，而是在其东西两侧，尤其是第44街到第53街之间。

“百老汇”这个词的含义在今天已经不仅限于这条街或剧院集中地了，人们用这个词来指美国戏剧艺术的精粹。作为一个演员真正获得成功的标志，就是使自己的名字出现在百老汇大街一家剧院的霓虹灯广告上。百老汇同样创造了很多词汇，如“站在聚光灯下”，意思是成为公众注意的中心、成为名人。如果你的名字上了报，或者你成为人们谈论的对象，人家就说你“站在聚光灯下”。“百老汇”这个充满魔力的地方，每天都吸引着成千上万来自世界各地的人，欢笑、泪水、骄傲、颓废在这里更是随处可见。你可能一夜成名，也可能由“百万富翁”变成“穷

百老汇大街

光蛋”。也许，这就是百老汇的神奇之处，只有置身那里才会有充分体会。

世界最负盛名的十大歌剧

1.《费加罗的婚礼》（莫扎特）
2.《魔笛》（莫扎特）
3.《塞维利亚的理发师》（罗西尼）
4.《弄臣》（威尔第）
5.《茶花女》（威尔第）
6.《卡门》（比才）
7.《奥赛罗》（威尔第）
8.《艺术家的生涯》（普契尼）
9.《托斯卡》（普契尼）
10.《蝴蝶夫人》（普契尼）

世界上有多少种语言

语言是人类交际的重要工具，凡有人类的地方就会有语言。世界上到底有多少种语言呢?据民主德国出版的《语言学及语言交际工具问题手册》的统计，现在世界上查明的有5651种语言，其中约有1400多种还没有被人们承认是独立的语言，或者是正在衰亡的语言。如澳大利亚有250种语言仅被4万多人使用，而这些澳大利亚土著民族还不得不使用英语，长期以来，这些语种便渐趋衰亡。在美国同样也有很多正在衰亡的语言，如北美印第安人有170种语言，其中许多种语言如今只有一小部分人用它们来交谈，他们的子孙已不了解自己祖宗的语言，而习惯于用英语了。

很多通用的语言逐渐变为别的民族或国家的交际用语，成为第二语言。例如，当前非洲正在发生这样的变化:在那里，个别的语言成了许多部落和民族的交际工具，它们日益替代了在这里根深蒂固的殖民主义者的语言。另外，由于战争，人们被迫躲进深山、森林或集中到某一个区域，个别语系的基地大大缩减，最终也将趋向衰亡。这样的语种在新几内亚岛、巴普亚–新几内亚和西伊里安有1110多个；西非尼日尔河和贝努埃河地区有280个。在4200多种已被承认的独立的语言中，能得到很好研究的仅500种，而有1500种几乎还没被研究过。

语言虽然可以作文字的基础，但毕竟不等于文字，尽管各国科学界和宗教界都作出了很大努力，然而世界上还是有一半的语言没有相应的文字。

联合国语言是什么

联合国规定，正式语言只有六种，按英文字母顺序排列为:阿拉伯文、中文、英文、法文、俄文和西班牙文;这六种语言具有同等效力，代表们可以选用其中任何一种。

秘书处日常使用的工作语言则只有两种，即英文和法文。凡是联合国的正式会议，秘书处都要负责在现场把代表们的发言用阿、中、英、法、俄、西六种语言通过话筒进行“同声传译”。凡是联合国的正式文件，包括重要发言，都要用六种文字印出，一般工作文件则只用英、法文。各国代表都十分重视他们使用的正式语言，因此，每一次正式会议，都必须认真安排好六种语言的翻译，若有疏漏，有关代表会当即愤然退场以示抗议。为了完成这样繁重的翻译任务，联合国总部秘书处有一支庞大的口译和笔译队伍，计有470多人。如在联大开会期间，无论是口译还是笔译，人员都还不够用，就要再聘用一些从联合国退休或离职的老翻译。

头语种种

摇头的动作在许多国家和民族中都表示不同意或不知道等否定的意思,而在印度人中则相反，摇头是表示同意和肯定的意思。人们在看到可爱的小孩时，一般都习惯地摸摸小孩的头，表示对小孩的喜爱，也是大人向小孩打招呼的方式,但是在印度和印度尼西亚，摸头的举动会引起对方翻脸，大为不快。不仅如此，在这些国家，一般人既不喜欢被触摸，也不喜欢抚摸别人，他们认为，头部是人类最高的部位，也是人体中最神圣的部位，尤其是小孩的头是神明停留之处，是绝对不能触摸的。

非洲中部一些民族用头部各器官的动作表示各种语义。上下点头表示对某件事怀有赞美之感;若两手按住头部，则是遇上了不愉快的事情;右手食指刮自己的鼻子，表示极度轻蔑;右手指反复刮右耳廓，表示坚决反对某人意见;面部表情忧伤，头偏向右边，表明正处于极度痛苦之中;拒绝送给对方所要之物就是动肩膀并摇头;咬牙闭嘴并用力吹气，表明交了厄运;左手摇左耳同时咂嘴，表示将要吃好东西;摇动耳尖，暗示别人不要轻信。

楔形文字的破译

楔形文字是古代西亚两河流域的苏美尔人所创造，开始于公元前4000年末。它原是一种图画文字类型的文字，到公元前3000年，图画型的楔形文字逐渐演变成按照惯例书写的线形笔画文字，同时因为这种文字是用一支斜尖的笔画在泥板上的，它的笔道很自然地呈现为楔形，所以人们称之为楔形文字。

楔形文字曾经是古代西亚地区广泛使用的文字。古代的苏美尔人、阿卡德人、巴比伦人、亚述人、赫梯人、波斯人、埃兰人都先后使用过这种文字。到公元1世纪后，楔形文字被拼音文字所代替，在历史上逐渐消失而被人遗忘了。现在已知最晚的楔形文字泥板是公元75年写的。

楔形文字的首次发现，是1623年～1625年在波斯波里斯，发现者是意大利旅行家彼得罗·德拉·瓦列。1802年德国学者格罗特芬解读了波斯王大流士的两段铭文。1835年英人罗林生在伊朗西部克尔曼沙赫附近的贝希斯敦山岩上发现大流士时的石刻。这石刻被称为贝希斯敦铭文，它是用古波斯文、埃兰文和巴比伦文三种楔形文字写成的。1846年～1847年，英人罗林生、爱尔兰人兴克士和德国人奥波尔特三人解读了贝希斯敦铭文中的波斯文，接着又解读了巴比伦文，从此，楔形文字才被人们所认识。

楔形文字

楔形文字

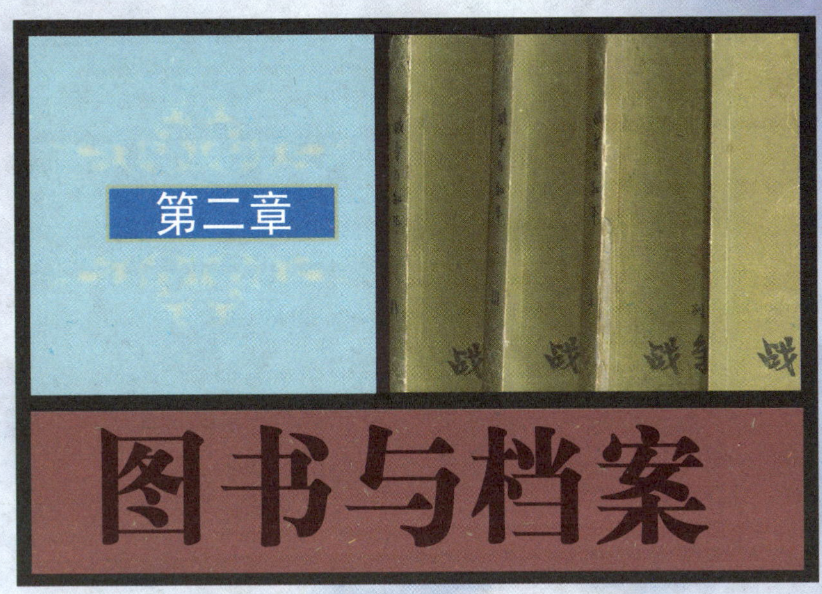

第二章

图书与档案

Tushu Yu Dangan

图书世界浩瀚无边、包罗万象。在本章中你可以惊奇地发现世界上有最大的书和最小的书。同时，你还能看到世界上形形色色的图书馆和现有的保存最珍贵的两份羊皮纸档案。

最大的百科全书

举世闻名的《永乐大典》，是明朝永乐年间修纂的一部大型图书，编辑《永乐大典》前后足足花了6年时间。全书22877卷，目录60卷，分装11095册，约3亿7千万多字。辑录的图书包括经、史、子、集、释藏、道经、北剧、南戏、评话、工技、农艺、医学等七八千种。上起先秦，下达明初，是我国文化遗产的珍品，也是世界上最大的百科全书。

最大的书和最小的书

《不丹:跨越一个王国的视觉之旅》，作者是美国麻省理工学院科学家迈克尔·霍利。这本限量发行500册的书高1.52米，宽2.13米，以世界上最大的书而被收入吉尼斯世界纪录。

英国著名拍卖行佳士得在2006年3月16日拍卖一部世界上最小的书《主祷文》。书本没有指头大，但是，里面包括了德文、西班牙文、法文、荷兰文和瑞典文的《主祷文》祷词。

铅书·铜书·铁书·钢书

17世纪末，有人曾在罗马买到一本书，外皮与正文6页，都是铅板做的。

春秋战国时，青铜被铸成各种器物，如鼎、钟、爵、盘之类。春秋末年，郑国子产铸刑鼎，就把法律条文刻在上面。公元前451年，罗马的十二铜表法也是刻在黄铜上面的。

铁书

保加利亚西部的加布罗夫斯克市保存着由弗拉茨·安格尔·科斯托夫铸成的一本铁书。这本书重4公斤，全书共22页，幅面尺寸为18厘米×22厘

米。书的内容是该市的著名格言和谚语。

在南美洲巴西圣保罗市中心广场上，陈列着一部钢书。这部共有1000页的奇书，均用不锈钢薄板铸刻并装订，书中记录着圣保罗市的历史沿革、风土人情和名胜古迹。

泥书

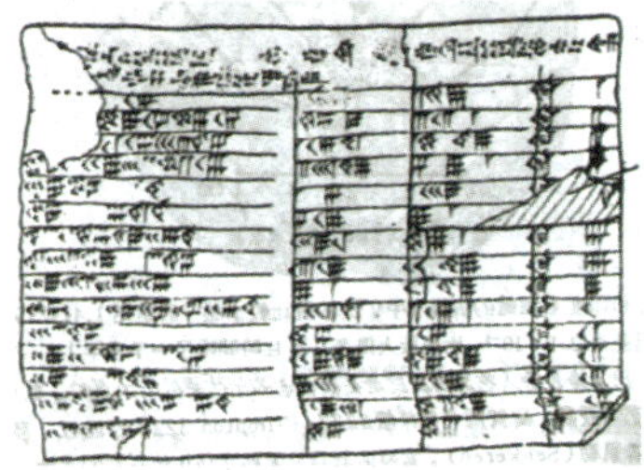

泥书

叙利亚发现了世界上最古老的辞书，是由15000多张黏土薄片组成的。古代阿西利亚也曾出产一种黏土书，其书每页32厘米见方，厚2.5厘米，一本书少则十几页，多则几百页，重量和体积都相当可观。

竹书

中国最早的正式书籍竹简就是竹书，它盛行于春秋战国时期至汉魏。印度至今仍有竹书，工匠在用火烤过的扁平竹皮上刻上文字，做成竹书，作为手工艺品出售。

竹书

木书

与竹书差不多同时，木书也在中国出现了，它叫做“牍”，木书与竹书合称“简牍”。在朝鲜的一座古塔基座内，也曾发现一本印在木块上的经书，据考证大概是公元700年前后的印刷品。公元1世纪左右还出现了一种制作奇特的木书，它的做法是：在当书页用的薄木板上浇上溶蜡，趁蜡未干时将

木书

其刮平，待蜡凝固后，用尖棒在蜡上写字，然后用绳子将数块写上字的木板串接在一起，就成了书。

草书

埃及尼罗河上游生长着一种灯芯草，茎高约6尺，有人称它为“埃及芦草”，也就是所谓的“纸草”。古代当地人将纸草加工成几公尺或三四十公尺的长卷，在上面写字，称做“纸草书”。据说公元前25世纪就有了这种书。目前巴黎一家博物馆还保存有4500年前写的一卷纸草书样本。

树皮书

古代拉丁人喜欢用树皮写字，德国卡塞尔市博物馆就保存着用树皮写的书，每本书的脊背上还钉有金色小牌，上用德文和拉丁文两种文字注明书名。

羊皮书

羊皮曾经是重要的书籍材料。公元前2世纪，柏加马斯国王曾用羊皮写字。小亚细亚佩尔加梅城的人们也把小羊皮或羊皮在石灰水中洗净、晾干，

羊皮书

绷在框架上，用原石将它打磨，然后写上文字，这种书可以长期保存。

树叶书

世界上以树叶做书的不乏其例。据说印度人最早将椰子树叶切成长45厘米～60厘米、宽70厘米的“纸片”，晾干后两面均可书写文字，装订成册后再加上用木板做的封面，就成为一本书。印度、缅甸、斯里兰卡当年的佛经就是用这种材料做的。除了椰子树叶外，缅甸还有用棕榈叶做的书。这种书一般以40厘米～90厘米长、3.8厘米～7.6厘米宽的棕榈叶为书页，用特别的“墨水”把经文写在叶上，再用线从叶子中间穿过串联起来，并可以折叠成扇形。在我国云南西双版纳傣族村寨里，有一种高达十五六米的棕榈树，傣语叫“戈兰”，学名叫“贝叶棕”，它的叶子过去常被用来刻写经文，称“贝叶经”。西双版纳原有的500多座佛寺里保存这样的贝叶经5万册。

塑书

近年来，随着科学技术的日益发达，已经出现了用高强塑料印制的“塑书”。这种书印刷精美，图片清晰，不易撕坏，可以清洗，适宜作幼儿读物和广告图册。

取暖书

在伊拉克古城尼尼威遗址，发掘出一大批两千年前的砖形书，它们全用泥土烧成，记载着古代亚述帝国的故事。考古学家研究发现，这种砖形书经火烧后可保持相当长时间的热量，不亚于现在的保温瓶。

发光书

美国曾出版一种用含磷油墨印制的书，这种书在夜间没有灯光时也可阅读，因为用这种油墨印出来的字可以发光。

立体书

英国儿童读物出版社曾出版一种表现历史名胜的立体书。书中的建筑物是用硬纸依照实物按比例绘制成的，一打开书本，就会出现立体建筑物。

空无一字的书

纽约一家出版社曾别出心裁地出版过一种空无一字的书。这本书的书名叫《什么也没有的书》，书中篇幅虽多达200页，却真的空无一字。这本怪书很快便以每本3美元的价格售出11500册，这使得出版者大为振奋，又拟定出版该书的“姊妹篇”。

会说话的书

英国曾出版一种名叫《企鹅》的画册，此书的封底放有薄膜小唱片和一枚小唱针，只要用手指轻轻转动小唱片，就能听到书中老太太、小女孩和小矮人的说话声。南斯拉夫曾出版一种专供学习外语用的图书，书中每行文字下面都嵌入一道粗线条，阅读时，只需用一个大小与钢笔差不多的特制装置沿这条粗线滑动，读者就会听到悦耳的声音。

织出来的书

1894年东京曾出版一本拉封丹寓言集，此书不是印刷的，而是织出来的，现保存于莫斯科国家历史图书馆。

蛛丝装订的书

莫斯科综合技术博物馆展出一本小巧玲珑的

书。该书用蛛丝装订而成，蛛丝的平均直径为0.002毫米。

带锁的书

原苏联里加市一个旧书店曾收购到一本题为《宇宙志》的巨型古书。此书用羊皮装帧，封面加了一把锁。这是瑞士地理学家终斯特的杰作。书中记述了欧洲、亚洲、非洲三大洲的地理概况，并有大量地图、插图和版画。

做帽子的书

秘鲁歌德伯泽人有一种书，看上去是一顶顶帽子，帽子用10多层布围成帽围，每层布上都粘着书页。当地人认为，书是文明的象征，是至高无上的，制成帽子就表示崇敬。

不怕水的书

英国博物学家皮特·斯科特曾出版过一种用特别的聚乙烯纸印成的书，名叫《鱼类学家指南》。因它不怕水，所以可供从事航海和捕鱼的人阅读。意大利蒙达多里出版社也曾出版过一种用聚氯乙烯基薄膜印刷的书，供人在海滨浴场阅读。读者不仅不必担心书被水弄湿，不耐烦时还可以拿书作枕头躺下休息，因为这种书的封面可以充气。

电子书

联邦德国曾出版了一本电子辞书，重量仅70克，却包括了4000条辞目。

使用时只要把想查阅的单词的开头的两个字母输入书盒中，按几个电钮，电子书就会马上显示出所要查找的内容。

缩微图书

文献资料、图书浩如烟海，如何储存、管理和使用呢？国外很早就开始搞文献资料缩微化管理。缩微是文献资料储存、管理、使用的一种先进技术。

它采用专用光学照相及其他设备，将文书档案、技术图纸、情报资料、图书等文献资料缩小若干倍拍摄在感光材料上，制成缩微复制品，进行储存、传递和使用。缩微复制品可把原件体积缩小成米粒大小，储存长达500年以上。几十架的文献资料，经过缩微后，仅需几个小盒便可存放。使用时，可用阅读器或数控查阅机查找，必要时还可将所需资料复印或影印还原。

最大的报纸和最小的报纸

1859年在美国纽约出版的开张最大的《星座》报，长1.2米、宽90厘米。

1829年在梵蒂冈城出版的《罗马日报》只有手掌那么大，现收藏在联邦德国西部边境的古城亚琛报纸博物馆里。

出版速度最快的书

美国班坦图书公司于1980年2月出版的《冰上奇迹》一书，全书由组稿到出书仅用了46小时15分钟。全书共80页，附有大量照片，印数为25000册。

最早的竹木简古写本

我国最早的竹木简古写本是《仪礼》。1959年考古学家在武威汉墓中发现了504根竹、木简，据初步考订，其中有469根是西汉末年所抄写的《仪礼》。这是我国目前已发现的最早的比较完整的古写本书。

最早的帛写书

我国现存最早的帛写书是《缯书》。《缯书》距今已有两千多年，1942年9月在湖南长沙东郊子弹库的纸源冲的战国楚墓中出土。这是一件用毛笔墨书、彩绘在丝织品上的帛书，高约30厘米、长约39厘米。帛的中间写有长篇文字，分左右两部分，左方13行，右方倒写11行，共计600多字。所用字体为战国时代的古文，有的文字漫漶不清，多不可识。文字四周有植物、怪兽、三头戴角人像等12尊，图像间注有说明文字。《缯书》于1946年被美国人柯克思诓骗掠夺到华盛顿，现藏耶鲁大学图书馆。

最早的纸写书

我国现存最早的纸写书是晋人手抄的《三国志》。手抄本《三国志》是陈寿

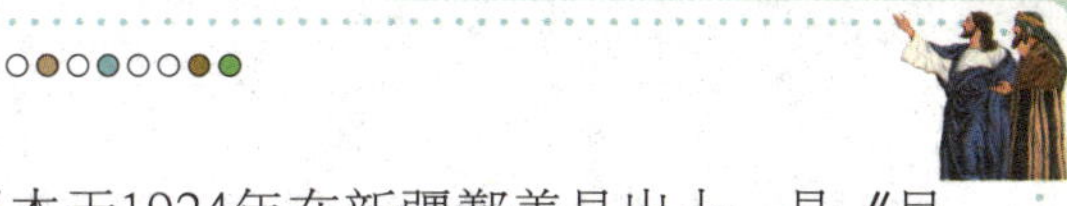

撰成后不久抄写的，现有甲乙两种抄本。甲本于1924年在新疆鄯善县出土，是《吴书·虞翻传》、《吴臧·张温传》的部分内容，共计80行，1090余字，中有残缺。原本流入日本，国内有新印本流传。乙本于1965年1月在新疆吐鲁番县英沙古城附近的一座佛塔遗址中发现，是《吴书·吴主权传》和《魏书·臧洪传》的残卷，共40行，计有570余字，中有残缺。甲、乙两种抄本均隶书体，行款工整，但非一人抄写。乙本抄书年代早于甲本，但相距时间不会太长。

《吉尼斯世界纪录大全》由来

1759年，可瑟吉尼斯在都柏林的圣詹姆斯门创建了吉尼斯酿酒厂，到1833年，它已发展为爱尔兰最大的酿酒厂。1886年，他在伦敦建立了一家公司，到20世纪30年代，吉尼斯在英国有两家酿酒厂，生产烈性黑啤酒。在各个酒吧，人们只出售吉尼斯啤酒，可除了苏塞克斯郡博迪埃姆啤酒花藤农场的城堡之外，吉尼斯不拥有任何酒吧。因而，公司一直在探索着发展计划。

1951年，在爱尔兰韦克斯福德郡那的一次狩猎聚会上，公司的执行董事休·比弗爵士与人争辩金鸻是不是欧洲跑得最快的猎物。由于找不到文字记载，只得不了了之，但他没有放弃，他来到伦敦找到开设数据库的孪生兄弟诺里斯和罗斯·麦克沃特，但仍然没有结果。于是一个大胆的计划在他脑中形成：自己编写一本书。于是他和麦克沃特兄弟合作成立了一个专门收集世界之最资料的公司，取名吉尼斯，并于1955年8月7日正式出版了第一本《吉尼斯世界纪录大全》。

世界最大的图书馆

世界上规模最大的图书馆是美国华盛顿国会山上的美国国会图书馆，它是一座由三幢大楼组成的宏伟建筑。在阅览室大厅的圆屋顶下，有世界历史名人如柏拉图、牛顿、哥伦布、莎士比亚等雕像俯视着人们，使来到这里的每一个人都感到好像进入了神圣的殿堂。

这座图书馆创建于1800年4月24日，是美国早期启蒙运动胜利的产物，在第三任总统杰斐逊的6400多卷藏书的基础上，以后迅速扩大，至今藏有470多种语言的各种资料，已超过7560万件，其中仅图书就拥有362.4万种，1893万册以上，成为世界最著名的藏书库。

国会图书馆有一项主要任务，就是随时回答国会提出的各式各样的问题。图书馆和国会大厦之间横跨着一条长335米的气动运输管道，传递资料非常迅速。图书馆平均每天收到的问题有2000个，有的问题几分钟就能回答，有的则需要研究几个月才能答复。图书馆各个部门都用计算机管理，它的现代化水平在全世界图书馆中是最高的。

现在该馆共有工作人员5440人，其中专业职员有3000人，顾问800人，全馆共分八个部门，其中最大的部门是国会研究服务部，工作人员有1000名，为国会的议员以及其他的工作人员忙碌着，平均每9.5秒就有一本书籍或资料送往国会大厦。

“复活”的世界书库——埃及亚历山大图书馆

2200多年前，埃及亚历山大图书馆以“收集全世界的书”为己任，是人类早期历史上最伟大的图书馆，在地中海传播文明几百年。然而，它却屡遭劫难，最终被毁。2001年，经过联合国教科文组织和埃及政府的多年努力，新的亚历山大图书馆——这颗地中海边的璀璨文化明珠重获新生！

建成后的亚历山大图书馆，矗立在托勒密王朝时期图书馆的旧址上，俯瞰地中海。主体建筑为圆柱体，顶部是半圆形穹顶，会议厅是金字塔形。在外围的花岗岩质地的文化墙上，镌刻着包括汉字在内的世界上50种最古老语言的文字、字母和符号，凸显了文明蕴藏与文化氛围的构思和创意。

根据设计能力，亚历山大图书馆的馆藏量可达到800万册书，1500种期刊。除了文字类藏书，亚历山大图书馆还收藏了大量世界各国的古币以及20多万卷微型电影和光盘类的视听资料。重建后的亚历山大图书馆将成为世界上最大的图书馆之一，可与著名的大英图书馆等比肩而立。亚历山大图书馆目前不仅是埃及的文化重镇，更是游人如织的著名旅游景点。

作为合作交流，上海图书馆于2004年末在亚历山大图书馆开设了“上海之窗”专题阅览区，提供许多介绍中国和上海的文献资料。

“中文馆藏”格外丰富——大英图书馆

作为世界上收藏最丰富的图书馆，大英图书馆新馆于1998年对外开放，占地5.1万平方米，建筑面积超过11万平方米，可同时接待1277位读者。

大英图书馆收藏图书期刊1500万册、专刊3300万件、手稿30万件、有声及音乐数据160万件、舆图400万件、邮票800万枚、照片20万张、印度事务档案纪录26万件。其中，大英图书馆东方部的中文馆藏是非常有特色的一部分，包括著名的敦煌石窟的佛、壁画手卷，道教、摩尼教的经典及甲骨文、木简，45卷永乐大典等珍贵资料。这是名副其实的海外汉学研究资料宝库。

除了位于伦敦的主馆，大英图书馆还在西约克郡的波士顿斯巴设立了文献提供中心，该中心历经40年发展，文献资源体系丰富完整，提供服务手段规范快速，商业化运作的成熟举世公认，每年新增书刊文献数百万件，增长书架8公里，1200多位工作人员每年为全世界的读者提供400万项各类文献需求，最快可在24小时内完成服务。

力保文化遗产——瑞典皇家图书馆

美丽的北欧水城斯德哥尔摩是一座文化名城，而建于17世纪的世界最大图书馆之一的瑞典皇家图书馆，无疑是这个城市中最辉煌的一座文明之塔。

位于斯德哥尔摩的瑞典皇家图书馆是瑞典的国家图书馆，建成于1877年，现已成为斯德哥尔摩市中心的历史里程碑，具有很高的建筑水平和文化价值。

图书馆大楼位于斯德哥尔摩最受人喜欢的公园之一——Humle公园一侧。该公园是斯德哥尔摩的中心地带，是居住和工作在这个城市的人们喜爱的娱乐区，也是周围孩子们的游戏场。为了适应图书馆发展的需要，1997年，皇家图书馆完成了老馆的扩建和修复工程，在大楼下开挖了地下室，用于存放不断增加的图书，这些书架已经长达70公里～80公里。

皇家图书馆也是瑞典最重要的文化和研究机关之一。它的使命是保存瑞典的文化遗产，支持和促进瑞典的科学与研究，促进图书馆的国内和国际协作。它收藏和保存所有在瑞典出版的各类出版物；采集有关瑞典的人文科学方面的外文文献；保存手稿、地图、图片等特种文献；建立瑞典的全国文献联合目录等。目前皇家图书馆的馆藏图书达200多万册。

任何读者都可以通过皇家馆书目系统和瑞典图书馆联合编目系统（LIBRIS），查到皇家馆的藏书情况。拥有皇家图书馆借阅卡的读者，可以在网上预定借阅。

建筑艺术的珍品——法国国家图书馆

法国国家图书馆是欧洲历史最悠久的国家图书馆，前身是建立于14世纪的皇家图书馆，1720年向公众开放，是世界上最早接受国内出版物呈缴本的图书馆。

风光旖旎的塞纳河右岸，矗立着一个远眺形状如四本打开的书似的玻璃建筑群，曾被密特朗赞誉为法兰西建筑艺术珍品，那就是法国国家图书馆新馆，开放于1996年12月20日。老馆坐落在巴黎黎塞留大街。

图书馆继承法国王室收藏，经280多年的成长，藏书丰富，达1200多万册，期刊35万册，只供阅读或复制。自建的数字图书馆是目前世界上最大的免费数字图书馆之一，收藏了图书馆从中世纪到20世纪初的珍贵藏品，包括86000多种书刊资料和30多万幅静态影像，数字图书馆免费向全世界读者提供法国文化精品，博得很高的声誉。在网上还能查询馆藏书目和国家联合书目，查到书目信息后，可通过网上预订系统订阅书刊和阅览座位，读者就不愁借不到书或者没有座位了，不管是否近水楼台都能先得月。图书馆在为视障读者服务上独具匠心，在建筑方面提供了坡道、升降设施，在阅览室中备有专门的有声读物或盲文书；有的阅览室中设有专间，并配有阅读机、视障专座、放大机等，通过阅读机，视障读者可使用盲文或通过语音提示的帮助来上网，并使印刷资料数字化然后转换成语音信息。

形形色色的图书馆

邮票图书馆

英国有一座邮票图书馆，馆内珍藏着世界各国不同时期发行的邮票，数量多达万件，是广大集邮爱好者研究资料的来源之一。

微型图书馆

美国有个微型图书馆，收藏的书籍长度不超过1厘米，所有图书只用几个皮箱就可以带走。

酒类图书馆

日本的横滨有一座专门收藏酒类的图书馆，其中收藏了世界各国的名酒以及上千册世界各国有关酒的图书，供读者免费阅读。

飞行图书馆

美国的阿拉斯加州地广人稀，交通不便，可是读者借书却十分方便。图书馆根据读者寄来的借书单，用飞机将图书送到读者家中。

火车图书馆

从奥地利首都维也纳到荷兰首都阿姆斯特丹漫长的铁路线上，为了消除旅客的寂寞，奥地利当局在车厢里设立了图书馆，持月票的旅客可免费阅读。馆内藏书百余种，如果旅客到达目的地后书未看完，可续借四周。

世界八大图书馆

1989年，联合国教科文组织在一份报告中列出了八个世界第一流的图书馆，它们在藏书量和设备完善等方面是长期被各国人民公认的。下列是世界八大图书馆。

1．莫斯科国立列宁图书馆，藏书3000万册（包括期刊和丛书）。

2．华盛顿的美国国会图书馆，藏书2200万册。

3．伦敦大英图书馆，藏书1500万册。

4．列宁格勒图书馆，藏书1200万册。

5．美国哈佛大学图书馆，藏书1100万册。

6．巴黎的法国国立图书馆，藏书1100万册。

7．东京的日本国会图书馆，藏书800万册。

8．埃及的亚历山大图书馆，藏书400万册。该馆所藏关于地中海地区及阿拉伯民族史籍为世界之最。

纸草和纸草档案

纸草，又称纸莎草，它是古代的莎草科植物，也是古代人们用做书写的一种材料，它对埃及古代文化的发展、传播和保存起了独特的作用。纸莎草主要生长在古埃及的尼罗河河谷和尼罗河三角洲的沼泽地带，它类似香蒲，是一种芦苇类水栖植物，外皮薄而坚韧，茎内有网状木髓和甜而芳香的汁液，全株高约7英尺～10英尺，茎部最大直径可达4英寸，近根部可以食用，根可作燃料，网状木髓可用于制造书写的材料。古埃及人制造纸草纸的主要工序是：取纸草茎内的木髓，纵向剖成薄片，放入水中浸泡，然后取出锤打，用几层重叠压平，晒干磨光，即成可书写的纸草纸。埃及人书写的方法是：一般用薄灯芯草笔或芦苇笔蘸着煤烟、树胶、水或乌贼汁、树胶、水配成的黑墨水，在纸草纸上书写。由于纸草得来容易，分量轻且便于书写，所以古代埃及、近东，乃至希腊罗马都把它用做书写的材料，从而出现了大量记载古代灿烂文化的纸草档案。

迄今发现的最早的纸草档案，是古埃及第一王朝的墓葬中出土的约公元前3000年的纸草文献。还有记载公元前1750年左右，埃及中王国末期的一次奴隶贫民起义的“伊浦味陈词”，即“莱丁纸草”；记述公元前2世纪埃及社会经济关系的，迄今发现的最长最大的古埃及纸草档案，即“哈里斯大纸草”。此外，还发现2500多部希腊罗马文学著作的纸草抄本，其中包括亚里士多德著名的《雅典宪法》。

18～19世纪纸草档案的大量出土，为研究古代地中海地区的历史提供了重要文献，引起了学者们的关注。因此，19世纪下半期，产生了专门研究古代纸草档案的“纸草文献学”。在中国修复古文物的启迪下，曾是埃及驻华大使的哈桑拉加卜已对古代大量纸草档案复制成功。而且，目前纸草工艺在失传1000多年后也得到复兴。

两份珍贵的羊皮纸档案

羊皮纸是一种非常坚固并类似纸张的书写材料，用兽皮加工制成，兽皮中因羊皮居多，故统称为羊皮纸。

《独立宣言》和《美国宪法》是美国最珍贵的两份文件，均以羊皮纸作为书写材料，是两份极珍贵的羊皮纸档案。它们从1922年起存放在美国国会图书馆内。1951年9月，为了长期保存这两份珍贵档案，隆重举行了入盒仪式，将它们装入其中充有氦气的密闭的玻璃青铜盒子内，并覆有滤光器，以阻止有害光线进入盒内。1952年12月，国会图书馆又将其移交给了国家档案馆。移交时，美国出动了仪仗队、军乐队、护旗队、摩托车队、坦克和大批军警护送。移交后，在国家档案馆内举行了庄严隆重的入柜仪式。入柜仪式由当时美国最高法院院长文森主持，总统杜鲁门到会讲话。仪式上把装有这两份珍贵档案的青铜盒子放进展览柜内，这个展览柜白天升上地面，在展览厅内供人参观，晚上被电动钳子钳住，送到地下6米深的一个安全库内。如遇火灾或地震等突然灾害，展览柜只需几秒钟就会进入地下安全库房内。这一套安全防护措施技术在世界上独占鳌头。

《独立宣言》

IN CONGRESS. JULY 4, 1776.

The unanimous Declaration of the thirteen united States of America.

第三章

绘画与雕塑

Huihua Yu Diaosu

在本章中我们将给你介绍世界上的十大天价名画和名画《蒙娜丽莎》的创作故事。精湛的绘画技艺会带你走进艺术的殿堂。而雕塑经过很多世纪的发展，也丰富了人们的审美内容。在这里你可以欣赏到维纳斯失去双臂后的自然之美。

和谐

世界十大天价名画

世界十大天价名画有9幅是在纽约卖出的，索斯比拍卖5幅，佳士得拍卖4幅。在十大天价名画中，凡·高的画占了3幅，毕加索的画则占了一半。

凡·高的《嘉舍医生画像》，成交价8250万美元，其第一天价至今无画能撼。

第二名是雷诺瓦的《煎饼磨坊》，1990年以7810万美元高价卖出。

凡·高的《未蓄胡子的艺术家画像》名列第三，1998年以7150万美元拍卖。

第四名是塞尚的油画《窗帘、小罐和高脚盘》，1999年在纽约以6050万美元成功拍卖。

在纽约以5500万美元拍卖的毕加索油画《双手交叉的妇人》，成为世界第五高价名画。

以5390万美元高价被拍卖、从而引起轰动的凡·高名画《鸢尾花》，由当时的第一天价名画退位到现在的第六天价名画。

排名第七至第十的四幅名画全部是毕加索的画，分别为《皮耶特婚礼》，1989年以5165万美元在巴黎拍卖；《梦》，1997年以4840万美元拍出；《尤·毕加索》，1989年以4780万美元拍出；《灵活的兔子》，1989年以4070万美元拍出。

世界上最大的绘画

在秘鲁的沿海沙漠地带的纳斯加谷地，有数幅异乎寻常的“巨画”。这些巨画是一队考古专家偶然发现的。他们曾无意中扒开地面一层黑色的石子儿，发现石子儿下面是一条沟。当时人们认为这是被废弃了的灌渠，可向四周观望，发现这些沟构成一定的图形。出于职业的好奇心，他们决定乘飞机低空观察。

这样，他们便发现了巨画的真面貌。这组画，小至几公里，大至几十公里，有规则的几何图形，也有巨大的狗、猴、蜥蜴、海鸥、鹰、孔雀形状。这巨画是什么时候、是谁画的，这些画用意是什么，至今没有答案。

最古老的绘画

远在两万多年前的旧石器时代后期，人们虽然还居住在天然的洞穴里，但是已经有了美术品——绘画。目前已经发现多处这类绘画，其中最早的是旧石器时代的西班牙奥瑞纳文化节和稍晚的法国马格德林文化的绘画。

1879年，在西班牙北部桑坦的东35公里处发现有一个阿尔密斯拉洞穴。这是一个270米长的不规则洞穴，壁画集中在入口处左方和长18米、宽8米～9米的“大屋子”的屋顶上。当时的“美术家”巧妙地利用岩壁的起伏，绘上成群的鹿、马、牛等富有动感的动物。为了保护这些珍贵的艺术品，已经建立了“阿尔塔米拉洞窟艺术博物馆”。

世界上最著名的肖像画——《蒙娜丽莎》

佛罗伦萨的人民，确切地说，整个意大利人民都知道列奥纳多·达·芬奇是个天才。他是画家中能使人的肖像看去既栩栩如生，又神秘美丽的第一人。

这就是为何一个叫佐贡多的富有商人请他为他年轻美貌的妻子蒙娜·丽莎，或叫拉·佐贡多绘一幅肖像的缘故。

这幅肖像花了达·芬奇四年的时间，当他完成这幅肖像之后，不愿把它交给佐贡多或其他任何人。当他受到法国国王的邀请时，便带着这幅肖像离开意大利去了法国。

达·芬奇是在法国去世的，这就是为什么《蒙娜丽莎》这幅画在法国的缘故，它是法国人民为之骄傲的财富。

蒙娜·丽莎

为什么《蒙娜丽莎》如此著名呢？多少世纪以来，人们一直在谈论她那神秘的微笑，她的微笑的确神秘：它似乎在变化。不同的观者或在不同的时间去看，感受似乎都不同。有时觉得她笑得舒畅温柔，有时又显得严肃，有时像是略含哀伤，有时甚至显出些许讥嘲和揶揄。

艺术家是如何获得这种效果的呢？比如，在雕塑家普拉克西特利斯的作品《赫耳墨斯》中，我们已见过雕塑中人物脸部的表情是如何变化的。圆形的表面那样微妙地反射出光线，使雕塑有时看上去似乎在微笑，有时却是另一种严肃的神情，这完全是由于光线的变化而产生的效果。

在一幅画中，光线的变化不能像在雕塑中产生那样大的差别。但在蒙娜·丽莎的脸上，微暗的阴影时隐时现，为她的双眼与唇部披上了一层面纱。而人的笑容主要表现在眼角和嘴角上，达·芬奇却偏把这些部位画得若隐若现，没有明确的界线，因此才会有这令人捉摸不定的“神秘的微笑”。

关于这幅画有一个故事。达·芬奇在为蒙娜·丽莎绘画时，请了位乐师在她旁边弹奏，以便她能像个模特儿那样耐心平静地坐着。她眼中的神情告诉我们她正在倾听。而现在，如果我们把她那双美丽的手与她的脸联系在一起考虑，我们会觉得那神情更诚挚。她的右手轻轻地放在左手上，中指根本没有任何依托，我们能感到它正和着音乐的节奏轻轻地打着拍子。

当我们看着这幅如此逼真的肖像画背后的景色，我们会为那不真实的背景吃惊。山峰、道路、小桥、流水都在一种梦幻般、飘拂不定的气氛里出现，仿佛以此证明蒙娜·丽莎的思绪沉浸在一个梦的世界里。

蒙娜·丽莎梦幻般的肖像与她周围梦的世界，是列奥纳多·达·芬奇的天才创造，这解答了为何《蒙娜丽莎》这幅肖像会成为世界上最著名、最使人难以忘怀的一幅肖像的问题。

手冢治虫与“阿童木”

日本第一部国产电视动画片《铁臂阿童木》，于1963年开始播映后，立即风靡日本列岛。被称为“阿童木”之父的手冢治虫是日本战后最负盛名的儿童漫画家，他年轻时受美国迪斯尼动画片的影响，1946年正式投身动画片创作，表现了自己新的追求。《街道拐弯处的故事》是他的第一部作品，片中无对话，全靠音乐表达内容。1963年他制作的动画片《宇宙中的男孩》，通过神奇的构思和丰富的想象，表现了人物微妙的情感，被称为日本新老动画片的分界线。他的作品还有《森林大帝》、《森林传奇》等多部。《铁臂阿童木》的录像带共193盘，每盘可放23分钟，曾在20多个国家播映，倾倒了各国的孩子们。它的漫画原作全集先后出版了5次，销出3500万册，成了超级畅销读物，不仅孩子们为阿童木着迷，成人们也乐此不疲。在“阿童木”诞生25周年之际，《朝日新闻》和“阿童木25岁委员会”在东京举办了为期两天的“阿童木文化论坛”，参加活动的有大学教授、讲师、漫画家及漫画评论家、科幻作家、文艺评论家、第五代计算机专家等著名人士，他们自称青少年时代就受过“阿童木”的深刻影响。

铁臂阿童木

日本的浮世绘

浮世绘局部

浮世绘是日本江户时代(1603～1867)流行的一种描写风俗人情以及俳优、武士、游女、风景等的民间绘画。浮世，就是现世，是佛教用语，含有人生无常的意思。浮世绘色彩艳丽，线条流畅，表现手法细腻，受到世界各国人民的喜爱。

浮世绘的根源可追溯到安土桃山时代(1573～1600）流行的风俗画和美人画。到了江户时代，其题材扩大为表现市井生活与风俗习惯、游乐活动、风景名胜以及歌舞伎艺、力士相扑、美人春画、花鸟画等，由起初的毛笔画发展成为木版画。开创木版画浮世绘的是菱川师宣。17世纪后半期的木版画是墨色印刷；到了18世纪，铃木春信创造了多色印刷的木版画，浮世绘进入了黄金时代。当时浮世绘的代表人物是喜多川歌磨，他绘作的美人画娥眉粉颈，体态婀娜，优艳华丽。江户末期，安藤广重所作的《东海道五十三驿站》，描绘了江户时代栩栩如生的生活与风景画面，留下了幕府末期的社会风貌。

德累斯顿画廊

德累斯顿画廊位于德国德累斯顿市中心，是原民主德国国立德累斯顿艺术馆所属的11个博物馆之一。它的前身是选帝侯奥古斯特建立的美术陈列室，建于1560年。到1772年建成绘画馆,1847年～1854年又在著名建筑师约翰·戈特弗里特·赛伯尔主持设计下建成皇家绘画馆，这就是今天的德累斯顿画廊。画廊收藏有文艺复兴时期之前的、文艺复兴时期的、16～18世纪欧洲各国的油画、版画、雕塑作品，还有大量民间艺术品。画廊现有38个展室，展出各派大师名画650幅，另有藏画1000多幅。在各派大师的650幅名画中，有

浮世绘局部

《西斯廷圣母》

著名画家拉斐尔、提香、弗罗奈塞、科里乔奥、一廷托莱托、亥西等人的作品。也收藏了荷兰画家鲁本斯、伦勃朗、范德尔费特等人的作品。文艺复兴时期拉斐尔的杰作《西斯廷圣母》，是在1754年被德累斯顿皇家绘画馆以2万意大利金币购买收藏的，1826年又经意大利修复专家帕玛洛里处理和修复。提香于1516年作的名画《捐款》，是在1746年被收购进德累斯顿画廊的，于1826年经过修复。

德累斯顿画廊在第二次世界大战中遭到德国法西斯战火的破坏，损失严重，1956年原民主德国重建了德累斯顿画廊，重新对观众开放。

维纳斯为何失去双臂

维纳斯是罗马神话中爱和美的女神，即希腊神话中的阿佛洛狄忒。大约公元前4世纪时，希腊著名的雕刻家阿海山纳在神话的基础上加以想象和创造，用大理石雕成了这一艺术珍品，但后来散失了。

1820年在米洛斯岛上，一个叫尤尔赫斯的农民在翻挖菜地时发现一个神龛，里面有个半裸美女的雕像。尤尔赫斯非常惊奇，但并不知道是维纳斯的雕像，便把它搬到家里。这时有两个法国海员刚巧来到该岛考察水文。他们看到这个雕像，但没有购买。几天后，他们的船到了伊斯坦布尔，在应邀到法国大使馆赴宴期间，讲起了尤尔赫斯的发现。法国驻土耳其大使立刻派大使馆秘书马采留斯前去收买。然而这期间，尤尔赫斯已把雕像廉价卖给了当地的一位神甫。

神甫又打算把它献给君士坦丁总督的翻译员。正当神甫准备把雕像装船

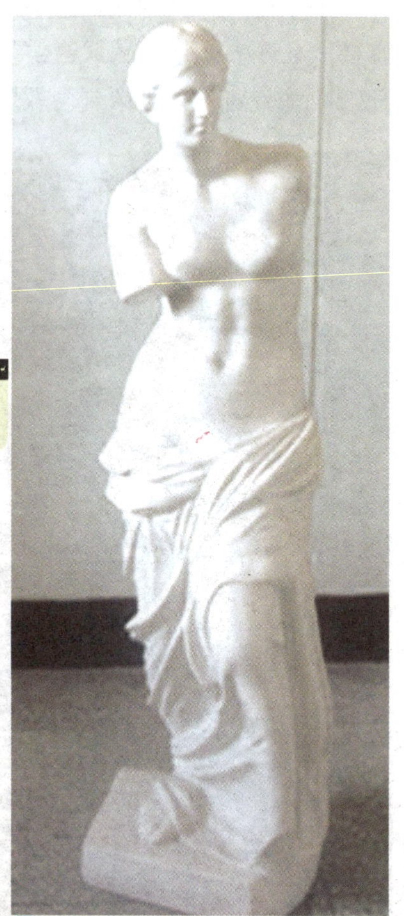
维纳斯

启运时，马采留斯赶到了。马采留斯向神甫交涉出让，被神甫断然拒绝，于是双方展开激烈的争夺。在混战中，维纳斯雕像被抛在泥泞里，双臂被摔断了。官司打到米洛斯当局，米洛斯当局以8000银币的索价将雕像卖给了法国人。现在该雕像收藏在法国卢浮宫。

一百多年来，很少有人知道维纳斯雕像断臂之前的形象。后来在旧档案稿中发现了杜蒙·居维尔的回忆录，它记述了居维尔最初在伊奥尔科斯家里看到的完整雕像：维纳斯右臂下垂，手抚衣襟，左臂上伸过头，握着一个苹果，双耳还悬有耳环……然而至今无人能将此雕像复原。

名人“争宠”伦敦蜡像馆

伦敦蜡像馆又叫杜莎夫人蜡像馆(MadameTussaud's)，是由法国斯特拉斯堡市的杜莎夫人(1761～1859)于1835年建造的，是一座四层砖楼。杜莎夫人自小随父亲学习制作腊像技术，1802年她带着一批腊像到伦敦展览，获得很大的成功。33年后她决定在伦敦办一所蜡像馆。蜡像馆在四个楼层分别展出不同的内容，展品中有世界历史上著名的首脑、政治家、知名作家、著名演员、著名运动员等显赫人物的腊像，如丘吉尔、斯大林、罗斯福、阿拉法特、雨果、毕加索、卓别林、爱因斯坦、阿里等，这些腊像完全按照本人的尺寸大小制作，形象逼真、栩栩如生，游人站在他们之中，很难区分哪个是蜡像哪个是真人。

杜莎夫人蜡像馆

另外还陈列有描写英国历史、风情的蜡像，如1837年英国女王维多利亚登基时的盛况，17世纪人们在咖啡馆的聊天活动等。一楼的展览蜡像加上了灯光和声音效果，参观时如身临其境，如实再现了1805年西班牙特拉法尔加的海战。坐上室内的参观轨道车走进地下室，犹如走进一个地狱，灯光暗淡，气氛阴森，在这里可看到欧美国家的各种刑具、绞刑架以及正在受刑的犯人，犯人在不停地凄凉地呻吟着，还可以看到刚被砍下的血淋淋的脑袋。

蜡像馆每年都要根据向民众征求的意见，制作一批新的蜡像，淘汰一批老蜡像，不断推陈出新，所以每年所看到的内容都是不同的。

小朱利安铜像

在比利时首都布鲁塞尔市中心的广场上，高高地屹立着被称为布鲁塞尔第一公民的小朱利安铜像。闻其盛名，令人神往，窥其尊容，

小朱利安

又不免使人忍俊不禁。铜像高1米，赤身裸体，叉腰腆肚，站在那里撒尿，涓涓细流，日夜不止。这是17世纪雕塑家迪凯努瓦的传神之作。

小朱利安是传说中的小英雄，有的说是他机智地用尿浇灭了侵略者点燃的导火索，有的说是他的尿使全城人从大火中逃生。如今人们已很少见他赤身裸体地站在那里了。自1698年巴伐利亚总督出于爱抚之意送给小朱利安一套金丝礼服，迄今，他已收到来自世界各地的上百套服装，其中有中国的北京市馈赠的一套粉红织锦小袄。五颜六色的服装代表着不同民族对小朱利安的喜爱。

自由女神像的由来

自由女神像是“自由照耀世界之神”的俗称，她坐落在美国纽约赫德森河口的“自由岛”上。这座世界上独一无二的巨型铜像，是法国为纪念美国独立110周年和美国独立战争期间的美法联盟，赠送给美国的珍贵礼物。

在美国南北战争后，法国历史学家爱德华·德·拉布莱伊提出铸像建议，由法国人民捐款，法国艺术家奥古斯特·巴托第设计并主持建造，像内铁架由设计巴黎铁塔的工程师埃菲尔设计。

据说，女神像的模特儿是艺术家的妻子尚奈密丽，面貌原型是艺术家的母亲。巴托第从1874年开始设计，到1884年5月全部工程才告完成。1885年6月，女神像被分装成210箱，用法国拖轮运至纽约。这尊像高为

46米；连同基座在内，总高92米；重225吨。女神握着火炬的右臂高插入云；左臂上面刻着“1776年7月4日”字样，标明宣言发表的日期；脚上还残留着被挣断了的铁链；女神气宇轩昂，神态刚毅，宣布获得自由，故称为“自由女神像”。像内有22层，电梯可升至10层平台上，再循盘梯可达巨像冠部的望台。巨像的底部建筑为美国移民博物馆。1886年10月28日，自由女神像由美国克利夫兰总统主持揭幕。1924年，美国政府宣布该地为国家纪念地。1984年～1986年，自由女神像曾进行整修。

自由女神像

世界十大建筑奇迹之一——宙斯神像

宙斯是希腊众神之神，为表崇拜而兴建的宙斯神像是当时世上最大的室内雕像，宙斯神像所在的宙斯神殿则是奥林匹克运动会的发源地，部分奥运项目就曾经在此举行。神殿遗址位于希腊西岸奥林匹亚（Olympia）的古城中。

宙斯神殿建于公元前470年，于公元前456年完工，由建筑师Libon设计，宙斯神像则由雕刻家Pheidias负责。神殿是以表面铺上灰泥的石灰岩建成，殿顶则使用大理石兴建而成，神殿共由34条约高17米的科林斯式支柱支撑着，神殿的面积达41.1米×107.75米。

宙斯神殿

复活节岛的巨石雕像

复活节岛的巨石雕像

复活节岛是南太平洋上一个孤立的小岛，因考古学家是在1722年的复活节发现它的，故而得名。本地人称之为“拉帕努伊岛”，意思是“石像的故乡”，它最著名的，也是最令人感到神秘的，是岛上那不计其数的巨石雕像。这些雕像都是用整块石头雕刻而成，一般高4米～5米，重约20吨，最高的达9.8米，重达90吨。它们都是直立的，无腿，头部巨大，身体较小，双臂很小，仅仅是象征性的。石像的头部雕刻虽然粗糙简陋，但轮廓鲜明，手法简练，都有一对突出的浓眉，两只长长的耳朵，一对深陷的眼眶，紧闭的双唇和高连眉骨的鼻梁。有的石像顶部还有一块红色岩石，仿佛是一顶帽子。据说这些雕像原来都是背海而立，位于圆形的平台上，但由于年代久远，石像大部分已东倒西歪，散落于荒原之中了，有的还有明显被破坏的痕迹。据考证，这些雕像都是本地古代人制作的，但最令人难以理解的是，岛上的人们为什么要雕刻这些巨型石像？史学家们一直在争论不休，有人认为是与墓葬有关，因为曾经在石像下面的神龛里发现过人的尸骨；还有人认为是与当地人的祭祀活动有关，放置石像的平台就是祭祀的圣台。另外，古代人们是如何利用简单的工具搬运这样巨大而笨重的石像的呢？岛上的传说声称它们是“自己走来的”，但经研究，由于雕像重心很低，所以十几个人就可以把它举起并迅速移动。这种巨大的石雕像在其他岛上也有发现，但在复活节岛上最多。作为人类最初的艺术活动，这些雕像进一步证明了艺术与生产和对自然的神秘崇拜有着十分密切的关系，这是世界各民族史前文化的共同特征。

第四章

音乐与舞蹈

Yinyue Yu Wudao

音乐和舞蹈是密不可分的，舞蹈从一产生便和音乐结成了最紧密的关系，舞蹈离不开音乐，音乐在舞蹈艺术中占有非常重要的位置。走进本章，去领略音乐和舞蹈的艺术魅力吧！

世界著名的指挥家

小泽征尔

小泽征尔

小泽征尔生于1935年，早年师从卡拉扬，曾经在美国纽约交响乐团做指挥大师伯恩斯坦的助手，1962年在日本广播协会交响乐团担任过短期指挥工作，然后又去了美国，先后在芝加哥交响乐团、旧金山交响乐团、波士顿交响乐团、多伦多交响乐团等担任过常任或客座指挥。从1973年开始，小泽征尔一直担任美国波士顿爱乐乐团总监之职。

小泽征尔曾在2002年第一次亮相维也纳新年音乐会的指挥台，与维也纳爱乐乐团合作，和全世界乐迷们共庆新年。

小泽征尔的指挥风格热情洋溢，奔放中流露着细腻。他追求效果，强调情绪，能恰如其分地控制速度和力度的变化，善于运用带有表情的目光和“会说话”的双臂表达自己的思想。维也纳爱乐乐团选定小泽征尔，也是相信他对于活泼欢快的施特劳斯家族的音乐作品会有自己独到的理解。

洛林·马泽尔

洛林·马泽尔1930年出生，是法裔美籍指挥家。他很小就练习小提琴和钢琴，对各种乐器十分精通，1937年就以神童的姿态登台指挥，9岁就成功地指挥了纽约爱乐乐团的演出。

马泽尔15岁的时候开始潜心学习，到各地留学，1965年又亮相于指挥台，先后在柏林广播交响乐团、法国国家交响乐团、维也纳歌剧院等世界著名的乐团任首席、常任和客座指挥。

在1980年～1986年期间，马泽尔一直担任维也纳爱乐乐团新年音乐会的指挥。他擅长

洛林·马泽尔

把握音乐的节奏，强调指挥家表情的重要性。他还是位通晓多种语言的大师，在维也纳新年音乐会上他常常用世界各地的语言向全世界的观众致以新年的问候。

卡洛斯·克莱伯

每年一次的维也纳新年音乐会都是令人瞩目的音乐会，1992年新年音乐会使我们领略了卡洛斯·克莱伯的指挥风采。

如今的克莱伯虽地位显赫，但当初为学指挥却颇费周折，而从中作梗的正是他的父亲艾里西·克莱伯。艾里西是与拉斯卡尼尼同时代并齐名的指挥家，因为是犹裔，希特勒一上台便将其从德国赶了出去，艾里西不得已只好携家跑到南美的阿根廷过活。

艺术家的尊严受辱，父亲不愿儿子再干自己这一行。尽管儿子卡洛斯具有极高的音乐天分及深厚的音乐基础，可是父亲还是硬把他送进一所理工大学去读化学。父命难违，但卡洛斯仍然边念化学边学指挥，并最终辍学拿起了心爱的指挥棒。儿子的坚决使父亲终于正式收他为徒。

卡洛斯·克莱伯

祖宾·梅塔

梅塔出生于印度孟买的一个音乐世家，自幼受到良好的音乐熏陶。9岁时梅塔全家迁居美国，不久他便成为小提琴家加里米安的学生，并进入米利亚音乐学院业余部读其他课程。几年后，梅塔的兴趣趋向于指挥，18岁时他以优异成绩考入维也纳音乐学院，师从指挥家斯瓦洛夫斯基，由于其好学不倦，多才多艺，很快成为学院乐队的指挥。求学期间，他还受惠于克莱伯、瓦格特、卡拉扬等名家指导，从中掌握了“维也纳风格”的各种奥妙。

祖宾·梅塔

1958年梅塔与阿巴多双双获英国利物浦国际指挥比赛大奖，一举成名，轰动乐坛。1960年，他出任加拿大蒙特利尔交响乐团音乐总监，两年后接手美国洛杉矶爱乐乐团，1968年成为以色列爱乐乐团终身音乐总监。

1978年，梅塔成为美国五大交响乐之一——纽约爱乐乐团的首席指挥，在举行就职音乐会那天，当时的美国总统福特给他打去电话说：“你是东方人的骄傲。”梅塔出身乐乡，熟习各种乐器的性能，其指挥手势明晰、利落、感染力强，充满时代气息。

小提琴的诞生

小提琴

两千多年前的一个早晨，古埃及音乐家莫可里在尼罗河边散步，忽然他踢到一个硬东西，随之传来一声悦耳的声音。他好奇地寻找起来：哦！是一块灰色的硬物，原来是一个空心的乌龟壳，龟壳内的空气受震动产生共鸣发出了响声。他兴致勃勃地回到家里，经过几次仿制，最后他将琴弦与共鸣器相结合，终于制造出世界上第一把小提琴。

自然界的“乐器”

音乐山

苏联巴斯昆恰克湖边的大博格多山被称为音乐山。在这座山的悬崖里有像蜂窝那样的凹地和裂缝，每当有风时，便发出动听的乐声，仿佛管乐队的演奏声。

音乐泉

突尼斯有一口会“唱歌”的泉；它的出口处是一座空心岩，岩中孔穴密布，流水穿过时被分割成千百条细流，它们互相撞击，便发出变化无穷的“叮咚”的音响，悦耳异常。

音乐河

委内瑞拉东部有条奇妙的河，河流被许多岩洞中的怪石阻隔，分成无数细流，穿过近300米长、宽窄不一的奇特岩层时，水速快慢不同，于是发出宛如交响乐般壮丽的声响。

音乐石

美国加利福尼亚州的沙漠地带，有一块直指蓝天、雄伟壮观的巨大岩石，每当月夜，附近的印第安人即来这里围绕聚会。当浓雾笼罩巨石时，它便开始发出引人入胜的声响，仿佛遥远的号角从天空传下。

音乐柱

埃及有个小镇名叫特本，那里有一座古老的寺庙，里面耸立着许多巨大的石柱。其中有一根石柱，每当晴天的上午9时，便会奏出悦耳的乐声。原来这石柱中有空洞，当太阳照耀时，空气便在石柱内热胀冷缩，产生奏鸣声。

音乐沙

美国夏威夷州的考爱岛中部有一片长800米、高18米的海滨沙丘。这座沙丘由珊瑚、贝类等组成，微风吹过，沙子发出各种各样的清脆声响，恰似一支乐队在演奏。

音乐柳

科特迪瓦有一种奇特的柳树，每当微风吹拂，它便发出幽雅的"琴音"。原来，这种柳树叶子的纤维组织甚密，即使轻轻相碰，也能发出如歌的低音音响。

音乐花

扎伊尔蒙博托湖上有一种荷花，花朵甚大，茎部有四个孔，孔内壁覆盖着一层薄膜。微风从气孔进入，吹动干燥的花膜，花朵便会发出如同音乐的声响。

带有神话色彩的乐器——竖琴

竖琴居乐队正中央，其音色和形状都别具一格。竖琴也是最古老的乐器之一，不仅在历史上，而且在文学和神话中也有许多关于竖琴的轶事传闻。每个信奉基督教的孩童都知道天使们弹奏竖琴，而且他将来进了天国也要弹奏这种乐器。

竖琴的历史可以追溯到公元前约4000年，埃及和中东都发明了形似竖琴的古老乐器，后来它在埃及和中东盛行起来，古埃及的许多壁画都描绘了约有12个竖琴手的乐队在演奏的情景。中东的其他地方则都曾发现过各式各样的古老竖琴。在伦敦大英博物馆里，人们还可以看到一些古亚西利亚竖琴

竖琴

的残骸及复制的古老竖琴，它们形如弯弓，质朴美丽。

在《圣经》中，以色列的第二个君王大卫是弹竖琴的佼佼者。那时，大卫是个牧羊娃，每当索尔王患病或心中愤懑时，大卫就为他弹琴消愁。《圣经》中在描述犹太人流亡的凄楚心情时，也提到他们悻悻地把竖琴挂在巴比伦海边的柳树上。然而在大卫王之后，竖琴却几乎销声匿迹了。到了中世纪，竖琴和铙钹才一起重又出现在世界上的另一地区，即爱尔兰、苏格兰和威尔士等凯尔特国家，它对这个地区的文化产生了极重要的影响。其中许多诗人将竖琴写进了诗篇，如18世纪的托马斯·穆尔的《竖琴源起》还说竖琴是半人半神的少女化身。而且，竖琴早已成为爱尔兰的象征或标志。爱尔兰初期的一位名叫大卫的国王，就将《圣经》中大卫王心爱的竖琴奉为自己的标志。13世纪初的爱尔兰硬币就铸有竖琴图案，银器上也以竖琴作标记。

至于琴弦着色则是18世纪期间对竖琴所作的改进之一。为便于琴师瞬间能准确分辨音调，C调弦涂成红色，而F调弦则着蓝色。

音乐之最

交响乐作品写得最多的是奥地利古典作曲家海顿，一生共写有104部交响乐，享有“交响乐之父”之称。

歌曲写得最多的是奥地利古典作曲家舒伯特，一生共写了600多首歌曲，人们称他是“歌曲之王”。

圆舞曲写得最多的是奥地利作曲家约翰·施特劳斯，一生共创作了近500首圆舞曲，被人们称为“圆舞曲之王”。

器乐协奏曲写得最多的是意大利古典作曲家维瓦尔弟，一生共写了450多首协奏曲。

德国古典作曲家贝多芬在声乐作品中最早创造出声乐套曲这一音乐形式。

匈牙利浪漫派作曲家李斯特在管弦乐作品中最早创造出“交响诗”这一音乐形式。

德国古典作曲家约塞·巴哈在器乐作品中最早创造出练习曲和变奏曲这一音乐形式。

管弦乐队中应用双簧管这一乐器定音的惯例，是两百多年前由德国古典作曲家亨德尔最早发明并一直沿用到现在的。

在所有的交响曲中最长的是奥地利作曲家古斯塔夫·马勒的d小调第三交响曲，这部作品创作于1896年，除全套管弦乐队外，还需要一名女低音、一个女声合唱团和一个男声合唱团，全部演奏需要1小时40分，仅第一乐章就需要30分钟～36分钟。

钢琴家谢尔盖·瓦西里耶维奇·拉赫玛尼诺夫（1873～1943）的手指能跨过12个白键，他的左手可弹奏一个包括C、降E、G、c、g的和弦，可谓最大的钢琴手指跨度。

在歌唱家得到的巨大财富中，最高记录的保持者是意大利男高音恩里科·卡鲁索，他有约900万美元的财产；西班牙花腔女高音阿美丽塔·加丽-库奇的收入有300万美元。

在经常上演的歌剧中，德国作曲家威廉·理查·瓦格纳的《纽伦堡的名歌手》是最长的，一次正常无间断的演出有整整5小时15分钟的音乐。

美籍匈牙利人加布里尔·封·威迪希的《异教徒》有110段曲子，需要8小时30分钟。

歌剧中最长的独唱段落是瓦格纳的《神界的黄昏》中布仑希尔德牺牲一场的咏叹调，众所周知的记录是14分46秒。

世界上最大的歌剧院是美国纽约林肯中心的大都会歌剧院，它建成于1966年9月，耗资4570万美元，观众席深451英尺，共有3800个座位，舞台宽243英尺、深146英尺。

米兰斯卡拉歌剧院和莫斯科大剧院都以拥有最多层包厢而闻名于世，它们都有6层最豪华的楼座看台。

据报道：1983年7月5日，普拉西多·多明戈于维也纳国家歌剧院主演了普契尼的歌剧《绣花女》后，受到了长达1小时30分钟的喝彩，谢幕达83次，堪称歌剧演出中最长的喝彩。

现存最早的钢琴是1720年由意大利佛罗伦萨·帕德拉的巴特罗密欧·克里斯多佛里所制造的。这架钢琴现存于纽约市艺术博物馆。

世界上最大的钢琴重1.3吨，长3.56米。1935年由查斯·H.查伦父子伦敦公司所制。最小的可演奏的钢琴是1910年克耐伯式的钢琴，长23厘米，宽8.56厘米，高16.51厘米。

世界上所制最长的二十二倍低音提琴有4.3米高，由阿瑟·卡·法立斯1924年制于美国新泽西州的艾隆尼亚市。该琴重589.68公斤。

最大、最响的可演奏的吉他是一把高4.35米、重140.2公斤的，由加拿大安大略省拉多音乐公司的乔·克凡斯所制的吉他。

世界上最长的歌剧是德国歌剧作曲家瓦格那（1813～1883）花费了二十年才写成的一部组歌剧《尼伯龙根指环》。全剧由四个部分组成，需用四个晚上才能全部演完。

国际音乐比赛

国际音乐比赛是按照预先制定的规则，由多国选手进行音乐竞技，并对成绩优良者予以表彰、奖励的活动。目前影响较大的国际音乐比赛有：

日内瓦国际音乐比赛，1939年起每年在瑞士的日内瓦举行。

慕尼黑国际音乐比赛，正式名称为“联邦德国广播联盟(ARD)国际音乐比赛”，1952年起每年在联邦德国的慕尼黑举行。

伊丽莎白皇后国际音乐比赛，1951年起在比利时的布鲁塞尔举行，按钢琴、小提琴、作曲的顺序每年轮流进行单项比赛。

国际肖邦钢琴作品比赛，为纪念肖邦而举办，1927年起每5年在波兰华沙举行一次。

柴可夫斯基国际音乐比赛，由苏联创办于1958年．第一届仅两项（钢琴、小提琴），以后增为四项（钢琴、小提琴、大提琴、声乐），比赛指定的曲目中，柴可夫斯基的作品占有相当分量。

维奥蒂国际音乐比赛，1950年起每年在意大利的维切利举行，比赛项目有钢琴、声乐和作曲等。

维尼亚夫斯基国际小提琴比赛，1935年起在波兰华沙举行，为纪念该国著名小提琴家、作曲家维尼亚夫斯基诞生100周年而创办，每5年举行一次。项目除小提琴演奏外，第三届起还增加了作曲和小提琴制作。

布达佩斯国际音乐比赛，前身是1933年创办的“弗兰兹·李斯特国际钢琴比赛会”，1948年起改用现名。为每年秋天“布达佩斯音乐周”的一项内容。根据比赛项目不同，它还有“艾凯尔声乐比赛会”、“李斯特和巴托克钢琴比赛会”、“卡萨尔斯大提琴比赛会”、“瓦伊那室内乐比赛会”等用名，但总名称不变。

西贝柳斯国际小提琴比赛，在芬兰首都赫尔辛基举行，为纪念该国著名作曲家西贝柳斯而创办。

巴黎国际吉他（六弦琴）音乐比赛，由法国国营广播电台主办，1960年开始，分演奏、作曲两项。在这个最有权威性的吉他比赛会上曾涌现了许多新秀，得奖的演奏家有奥地利的康拉德·勒哥斯尼克（1961）、西班牙的阿尔贝特·庞塞(1962)、意大利的奥斯卡·基里阿(1963)、捷克和斯洛伐克的巴尔巴勒·波勒谢克(1964)、巴西的多里皮奥·桑托斯(1965)和日本的渡边范彦(1969)等。

国际音乐节

国际音乐节是由多国参加的大型定期音乐

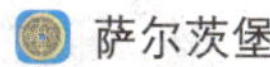
萨尔茨堡

活动。规模和影响较大的有：

萨尔茨堡音乐节，在莫扎特的故乡奥地利的萨尔茨堡，从1920年起每年举办。以维也纳国立歌剧院和爱尔管弦乐团为主，各地著名交响乐团、指挥家、独奏家、独唱家也常参加演出。

拜罗伊特音乐节，在联邦德国的拜罗伊特祝典剧场，从1882年起，隔年举行，专演瓦格纳的作品。

爱丁堡音乐节，1947年创办，在英国爱丁堡每年夏天举行，演出歌剧、戏剧、芭蕾，并举行交响音乐、室内乐、独奏、独唱音乐会。

多瑙厄申根音乐节，在联邦德国多瑙厄申根市举行，以介绍新作曲家和现代音乐作品为主。

华沙之秋现代音乐节，1956年起在波兰华沙举行。著名波兰现代作曲家潘德列兹基、鲁托斯拉夫斯基等曾在此首演新作。

大阪国际音乐节，在日本大阪，1958年起每年4月举行。

复活节音乐节，1967年由指挥家卡拉扬创办，每年3月底至4月初在奥地利萨尔茨堡举行。

圣雷莫音乐节，从1951年起，每年2月底在意大利圣雷莫市卡吉诺剧场举行，以上演新歌剧为主。

维也纳音乐节，在奥地利维也纳举行，以表演德奥古典乐派、浪漫乐派的音乐名作为主。

音乐之城——维也纳

维也纳位于阿尔卑斯山北麓和多瑙河畔的维也纳，山清水秀，绿草如茵，繁花满树，是艺术家、音乐家陶冶情性、启发灵感的胜地。维也纳以它的乐曲和歌声闻名于世，被称为“音乐之城”。

维也纳从18世纪初始，就开创了古典音乐时期。古典音乐大师海顿、莫扎特、贝多芬、舒伯特、勃拉姆斯和布鲁克纳等都在这里生活过。被誉为“华尔兹舞曲之王”的约翰·施特劳斯也在这里创作了400余首圆舞曲和轻歌剧。今天，这些音乐大师的塑像仍屹立在维也纳市。

维也纳有众多的歌剧院、音乐厅和剧场，演出著名的乐曲和歌舞。如施特劳斯的《蝙蝠》和莫扎特的《费加罗的婚

维也纳国家歌剧院

礼》、《后宫的诱逃》等，经常在维也纳国家歌剧院上演。维也纳国家歌剧院建于1869年，由名建筑师凡帝·纳尔等人设计，演奏大厅有6层楼厢，可容纳1600名观众，是维也纳“音乐之城”的主要象征。由“奥地利音乐之友协会”于1867年筹建的“音乐大厅”，也是频繁地演奏著名乐曲的地方。“音乐大厅”除演奏大厅外，还附有收藏馆，展出音乐大师们的乐谱、手稿和图片等珍贵文物。每年5月～6月间维也纳都要举办文化节，在市政大厅广场举行文化节的开幕式，世界各地有名的艺术家、音乐家纷纷前来作精彩表演。值得一提的还有，具有悠久历史的维也纳“少年合唱团”在音乐界具有崇高的地位，它的演出总是令听众赞叹不已，为“音乐之城”作出了很大贡献。

维也纳金色大厅

《祝你生日快乐》歌曲的诞生

《祝你生日快乐》这首流行歌曲，是美国肯塔基州路昂斯维尔的两姐妹米尔德里特·希尔和帕蒂·希尔在1893年创作的。姐姐是个音乐教师，妹妹是幼儿园教员。当时希尔姐妹作为消遣，写了一些短小的少年歌曲，其中有一首叫做《祝你早安》。这首歌发表以后并没有流行开来。后来，这两姐妹中的一个把歌词改动了两个字，把“早安”改为“生日快乐”。1935年以《祝你生日快乐》为题再度发表，引起人们的兴趣和爱好，成为一首流行全世界的名曲。

芭蕾——艺术皇冠上的明珠

芭蕾，是法文Ballet的音译，欧洲古典舞剧的统称。这门由足尖支撑的艺术在意大利文艺复兴高潮期萌芽，至今已走过了500年漫长的历程。

15世纪，意大利宫廷宴饮时，常在席间穿插舞蹈。这些舞的内容多根据希腊神话故事改编，舞者服饰华丽，带有面具。一般认为芭蕾是从当时流行在宫廷里的哑剧、幕间剧、载歌载舞的演技和假面舞等形式汇合而成的。16世纪芭蕾已成为综合

芭蕾

性的舞剧。1581年10月15日在巴黎波旁大厅上演的大型宫廷舞剧是芭蕾形成的标志，后来由于法王路易十三与路易十四的参与和倡导，王公贵族争相习舞，使得宫廷芭蕾在17世纪进入了鼎盛时期。1672年路易十四宣布允许职业舞蹈家演出贵族芭蕾，这标志着芭蕾由贵族的自娱活动变成为一门艺术。随着专制主义的没落，芭蕾逐渐脱离宫廷，走向社会。1681年女演员登台，又打破了男子独霸芭蕾舞台的局面。女明星卡玛戈大胆改革芭蕾服装，取消拖地长裙和带鲸骨框的圆裙，以利演员的旋转和跳跃。约在18世纪中叶，女演员成为芭蕾舞台的中心，芭蕾也除去了歌唱和说白，从歌舞剧中分离出来而成为独立的艺术。18世纪末到19世纪初，政治革命与工业革命使艺术也发生了深刻变化。芭蕾从古典主义向浪漫主义过渡，题材由神话传说转为人神并存，面具、假发、鞋跟被废除，舞裙长度进一步缩短，并创造出了足尖舞及高速旋转等高难度动作。19世纪50年代以后，芭蕾的中心逐渐由法国移至俄国，20世纪初出现了现代芭蕾学派。

芭蕾名剧有《唐璜》、《堂吉诃德》、《仙女》、《吉赛尔》、《天鹅湖》、《海峡》、《希尔薇亚》等。芭蕾是艺术皇冠上璀璨的明珠。

芭蕾经典名剧——《天鹅湖》

《天鹅湖》是俄国古典芭蕾传统剧目之一，也是世界芭蕾舞经典名剧。该剧作于1876年，柴可夫斯基作曲，别吉切夫和盖里采尔编剧。《天鹅湖》1877年在莫斯科首演，1895年由俄国舞剧导演伊凡诺夫和法国舞剧导演彼季帕重新编排在彼得堡上演，获得巨大成功。全剧共有4幕，剧情描写奥杰塔公主被魔法师罗德伯特掳去变成白天鹅，在湖边她与王子齐格弗里德相遇并相爱了。在王子挑选新娘的舞

《天鹅湖》

会上，魔法师以女儿黑天鹅奥吉莉亚欺骗王子，最后爱情的力量战胜了邪恶势力，奥杰塔公主和其他白天鹅都恢复了人形，王子和公主终于结合在一起。该舞剧音乐具有高度交响性发展原则，是作曲家柴可夫斯基对芭蕾舞音乐进行重大改革的结果。这也成为该舞剧在舞剧发展史上取得划时代地位的重要原因。

国际标准交谊舞

国际标准交谊舞是在传统交谊舞的基础上，加以国际统一规则而成的。它分为现代舞和拉丁舞两大部分。现代舞又含华尔兹、探戈、维也纳华尔兹、狐步舞、快步舞5种舞蹈，其特点是格调高雅、舞姿优美、轻柔流畅、节奏起伏。拉丁舞含有伦巴、恰恰舞、桑巴、斗牛舞、牛仔舞5种舞蹈，拉丁舞热情奔放、自由活泼，舞蹈技巧性强。

现代舞的5种舞蹈起源和特点是：华尔兹舞源于奥地利的一种民间舞蹈，也是交谊舞的起源，其特点是“圆舞”，即旋转；探戈舞最早产生于阿根廷，舞蹈较低俗，20世纪初经法国演出商改造，成为庄重、奔放的舞蹈，以典雅、俊俏、爽快为特点；维也纳华尔兹源于维也纳，又称快步华尔兹，是德国人保罗·克雷布斯所创；狐步舞产生于20世纪初的美国，1914年传入英国，后来成为典型的英国式舞蹈，以自然、舒展、从容为特征，音乐节拍是4/4，每小节有4拍，重音在第一和第三拍；快步舞是从狐

国际标准交谊舞

步舞演变而成，其节奏每分钟48拍乃至50拍，舞曲节拍轻松，舞姿活泼动人。

拉丁舞的5种舞蹈起源和特点是：伦巴舞源于古巴的一种黑人舞蹈，20世纪20年代后期传入巴黎、纽约、伦敦，节拍为4/4，重音在第一拍；桑巴舞始于巴西，原是一种非洲奴隶舞，19世纪后得到普及，成为巴西狂欢节的主旋律，后又传入欧美各国，并得到改良和发展；恰恰舞原是模仿一对企鹅在生活中的各种动作而创造出来的，企鹅在高兴时，雌雄相亲相爱，一起欢跳，不高兴时，雌的不理睬雄的，雄的舍命尾随，以求欢心和谅解，故恰恰舞多是女子领舞，男女舞伴不搂抱，离身而跳，动作不必整齐划一；斗牛舞最早出现在西班牙等欧洲和拉美诸国，在第一次至第二次世界大战期间流行于欧洲，舞蹈带有西班牙斗牛士风格；牛仔舞原是一种黑人舞蹈，第二次世界大战时由美国士兵传播到法国等欧洲国家，50年代后经改造，形成一种轻松诙谐、能用爵士音乐和迪斯科音乐跳舞的风格。

印度舞蹈的正宗——婆罗多舞

印度古典舞蹈绚丽多彩，风格独特，到中世纪时逐渐形成四大舞派：婆罗多舞、卡塔卡舞、卡塔克舞、曼尼普利舞。婆罗多舞起源于敬神仪式，它由女舞蹈者在寺庙中祭神时表演，有着浓厚的宗教色彩。过去它只流行于南印度，是南印度泰米尔纳杜的传统舞蹈，也是印度最古老、最完美的古典舞蹈，被看做印度舞蹈的正宗。印度古典舞蹈本来就有一套规范，公元前后婆罗多牟尼（牟尼即圣人）撰写了《舞论》对之进行总结，后来积婆罗写的《姿态镜铨》又使之系统化，这样就逐渐形成了婆罗多舞的成套动作、丰富含义和严格程式。表演这种舞蹈需要高超的技艺，演员从小就要严格训练，学成常需近10年的时间。婆罗多舞最显著的特征是飞波流光的眼神、细碎繁响的脚铃声和传神达意的几百种手势。它要求演员从眉毛、眼睛、嘴巴、下巴，到头、颈、肩、手，再到腰、腿、脚、趾都要舞动，而且每一个部位的每一个动作都有相对固定的含义。演员运用各种手势在身体各部分的配合下能表示多种不同的意思，这就是“手语”，也叫“哑语”。表演婆罗多舞时常常在台中间小桌上供一尊印度舞蹈之神湿婆天的舞像，两旁燃两盏高脚铜灯，使舞台笼罩着静穆庄严的气氛。演员身着民族服装，赤脚上系着脚铃，先向观众深深地低头合掌，然后随着乐声翩翩起舞，以她的长眉妙目、纤指柔腰讲述着印度古代优美的诗歌故事。

第五章

饮食与卫生

Yinshi Yu Weisheng

世界各地的饮食文化博大精深，只有吃好了，我们才能身体好、工作好、生活好。所以我们也有必要了解一下世界各国神秘丰盛的国宴，以丰富我们的饮食生活。同时，我们还应该懂得一些医疗卫生知识，相信你读完本章后，视野会更加开阔。

世界各国神秘丰盛的国宴

西方国宴通常为晚宴，出席者20时到场，端杯聊天，常常于21时或22时入席进餐。出席国宴的人都着正式服装，按排定的席位入座。大家谈政治、谈友谊，当然也说些轻松的话题。国宴一吃常常就是两三个小时，但饭菜却远比人们想象中简单：往往是少许冷盘，一或两道热菜，一道甜食，外加面包和饮料随时提供，完全没有当年康熙老爷子大摆满汉全席时的阔绰与奢侈。

当然，饭菜简朴不代表“礼轻情不重”，实际上西式国宴特别注重礼仪，其功夫往往在饭菜之外。比如，在瑞士，联邦政府主席为招待各国外交使节而举行的国宴，都是三菜一汤，加上一份甜食，但精明的主人善于用五彩缤纷的鲜花和美妙的音乐营造出一种温馨的气氛，让你有宾至如归之感。菜式的设计更是别出心裁，甜点上装饰有瑞士国旗图案，状若熊掌的蘑菇牛排看起来赏心悦目。瑞士的首都伯尔尼被誉为“熊城”，吃了这道菜，从肚子到脑子都再忘不了伯尔尼。

和崇尚简约的西式国宴不同，一些国家和地区非常注重以民族特色招待宾客。1970年4月周恩来总理访问朝鲜时，金日成主席就为他特设了“全狗午宴”款待。这“全狗午宴”的冷盘和热菜均从狗的浑身上下做文章：狗血肠、红烧狗肉、清炖狗肉、狗肉汤。烹饪方法不同，每道菜香而不腻，美味可口。另外，看似不起眼的泡菜也在朝鲜的国宴上扮演着不可或缺的角色。朝鲜泡菜风味独特，酸、辣、香、脆齐备，既下得普通百姓的厨房、也上得国宴的厅堂。

墨西哥国宴与朝鲜的“全狗宴”有异曲同工之妙。墨西哥人以玉米为主食，他们的国宴也是一盘盘玉米美食：“托尔蒂亚”是将玉米面放在平底锅上烤出的薄饼，类似中国的春卷；“达科”是包着鸡丝、沙拉、洋葱、辣椒，用油炸过的玉米卷，最高档的“达科”干脆用蝗虫做馅；“蓬索”是用玉米粒加鱼、肉熬成的鲜汤。另外，在这个神奇的国家，米邦塔食用仙人掌有着久远的历史，用它做成的大菜也是墨西哥国宴上招待外国贵宾的一道主菜。

阿拉伯国家国宴最爱用、也最受欢迎的一道菜是烤全羊。烤熟的整羊放在桌上，旁边有切好的生洋葱和其他调味品，任客人持刀割肉自行享用。

非洲国家的国宴具有地方特色。非洲烤骆驼是一道国菜，马里外交部招待外国使节的大餐就是一道烤骆驼，那滋味不可言传，总之过口难忘。烤骆驼上席的时候还特别有趣：骆驼被掏空内脏，一只烤全羊会被置于骆驼腹中，一只烤鸡又含于全羊腹中，那烤鸡腹中又藏着一只烤鹌鹑，鹌鹑腹中含着一个鸡蛋。当客人开始品尝这烤骆驼之时，就好像

世界文化常识

在猜一道妙趣横生的连环谜题，主人的热情与幽默都在不言之中。

埃塞俄比亚的国宴多是生牛肉宴。生食的牛肉很鲜嫩，鲜血淋淋的牛肉最受欢迎，吃法有两种：一是将剥去皮的整头牛劈成两半，挂在钩上，客人一手持刀一手拿盘，你爱吃什么自己动手去牛身上切，边切边蘸着佐料吃，不加主食；另外一种是把牛肉绞成肉糜，拌上辣椒粉等调料装盘吃，或用一种谷物做成的“英吉拉”薄饼裹着吃。海尔·塞拉西皇帝在位时宴请中国俞沛文大使以及后来埃塞俄比亚外长宴请杨守正大使，均以生牛肉宴款待，那情形真是盛情难却。

法国菜是西方国家中最负盛名的一种，而“巴黎牛排油炸土豆丝”又被誉为这个美食大国的国菜，每次都会被端上国宴台面。这菜妙在牛排半生半熟，肉呈红色，鲜美可口，土豆丝焦熟适度，嚼起来满口是香、风味独特。法国国宴上还常有一道名菜——烤蜗牛，它的制作很特别：将蜗牛肉同葱、蒜、洋葱一起捣碎，拌以黄油，调味之后，把肉塞回壳内，放在特制的瓷盘里，送进烤箱里烤。食用时油还冒着泡，香气扑鼻。

西班牙海洋渔业资源十分丰富，海鲜常作为国宴的美味佳肴。“巴爱雅”举世闻名，它实际是用油炒过的大米加上各种海鲜或肉食作配料制作而成的，政府高官常用此招待外国贵宾。

秘鲁以烤肉串作为国菜，尤以烤牛心、羊心、鸡心为主。烤前将肉串放入酒、醋、盐、蒜、辣椒等原料中腌拌数小时，烤时掌握好火候，烤出的肉串芳香四溢。

国宴说起来很严肃，其实不外是一种饮食文化与民风民情的展示。不同国家和民族文化背景不同，饮食习俗也千差万别，所以各国的国宴也因地域因民族而异，五彩缤纷。

韩国的御膳文化

在韩国，传统大家庭里以长辈为中心，餐具与饭桌均是一人为一单位。但在以核心家族为中心的如今，则变成了所有人围坐在一起，把菜夹到自己的碟子里吃。以饭、菜分主、副食的韩国日常饮食，从三国时代后期确定为一日三餐的正规用餐形

韩国的御膳

式。有时中午会吃面条、拌饭、汤饭等料理，但这只是一种别有风味的饮食。

在饭桌上，饭是主食，菜是副食，因此，吃什么菜根据饭而决定。饭桌在菜色的搭配、味道的咸淡、食物的温度以及颜色的配合等方面有着合理性和协调性。饭桌有3碟、5碟、7碟、9碟，朝鲜时代王用的是12碟饭桌。最简单的3碟饭桌除了摆汤、泡菜以外，有野菜、凉拌菜、炖食、烤食，均匀搭配蔬菜、肉类和鱼类。5碟饭桌上有饭、汤、泡菜、酱之外，还上5样菜、一种酱汤。9碟饭桌上有饭、汤、泡菜、酱之外，还上9样菜、一种酱汤再加一样炖食。王的御膳桌是12碟饭桌，王坐在大圆桌前面，旁边拼放小圆桌和四方桌。大圆桌上放有白御膳、盒汤、3种酱、3种泡菜、7样菜、挑骨头的碗以及两套银匙和筷子。一个汤匙是喝汤用的，另一个是喝萝卜泡菜汤用的;一双筷子是夹鱼用的，另一双是夹菜用的。小圆桌上放有红豆御膳、荤杂烩、炖食、两样菜、茶具、空瓷碟、银碗以及三副匙和筷子。不想吃白御膳时，将红豆御膳与白御膳调换过来。三副匙和筷子是内宫检察食物和夹食物用的。用完餐之后，把茶杯放在盘子上端上去。四方桌上放有炖牛骨汤、火锅、烧烤等。吃红豆御膳时，不喝盒汤，而喝炖牛骨汤。

酸奶

酸奶的诞生

酸奶是一种营养丰富、易于消化的饮料，源于保加利亚。很久以前，以游牧为主的色雷斯人常常背着灌满羊奶的皮囊随畜群在大草原上游荡，由于气温、体温的作用及其他原因，皮囊中的奶常变馊而呈渣状，少量这样的奶倒入煮过的奶中，煮过的奶很快亦变酸，这即是最早的酸奶。色雷斯人很喜欢喝这种奶，于是不断寻求更简便、效果更佳的制作酸奶的方法。

20世纪初，俄国科学家伊·缅奇尼科夫在研究人类长寿问题时，到保加利亚去作调查，发现每千名死者中有四名是百岁以上去世的，这些高龄人生前都爱喝酸奶。他断定喝酸奶是使人长寿的一个重要原因。后经研究，又发现了一种能有效地消灭大肠内的腐败细菌的杆菌，并命名为“保加利亚乳酸杆菌”。

伊·缅奇尼科夫酸奶的研究成果使西班牙商人伊萨克·卡拉索受到启发，开始了酸奶生产。最初他把酸奶当做药品在药房销售，但生意并不理想。第二次世界大战爆发后，伊萨克·卡拉索在美国建立了一家酸奶厂，并大作广告，不久便使酸奶风靡世界。

古今中外的著名宴席

酒池肉林

《史记·殷本纪》称：“（纣）以酒为池，县（悬）肉为林，使男女裸相逐其间，为长夜之饮。”这可能是有记录的最早的宴席，后人常用“酒池肉林”形容生活奢侈，纵欲无度。

鸿门宴

鸿门宴

项羽邀刘邦宴于鸿门，项羽的谋臣范增为了帮助项羽争得天下，喊来项庄，让他在宴会上耍剑舞，意图伺机刺杀刘邦。楚左尹项伯也拔剑起舞，并常以身翼蔽刘邦，使得项庄无从下手。最后，刘邦借如厕之机逃脱。后以“鸿门宴”指别有用心。

煮酒论英雄

三国时期，曹操约刘备相饮。曹操于小亭内设樽俎，盘置青梅，一樽煮酒，二人对坐，开怀畅饮。忽然阴云密布，即将下雨，曹操问刘备当世谁可称为英雄，刘备回答的每一个人都被曹操一一否定，最后，曹操说：“今天下英雄，唯使君与操耳。”吓得刘备居然将手中的筷子丢在了地上，幸亏当时天正将下雨，响起了一阵惊雷，刘备便说“一震之威，乃至于此”，将掉筷子的原因掩饰了过去。

杯酒释兵权

宋太祖赵匡胤当上皇帝后，担心手下将领将来会夺取自己的皇位，于是宴请几位将领，并说大将打江山也是为了获得好的生活，如今江山已定，不如回家养老。他的大将石守信听出了弦外之音，于是请求皇帝解除自己的兵权，宋太祖就这样一一解除了手下大将的兵权。

满汉全席

满汉全席始于清代中叶，是我国一种具有浓郁民族色彩的巨型筵宴，既有宫廷肴馔之特色，又有地方风味之精华，菜点精美，礼仪讲究，形成了引人注目的独特风格。

满汉全席原是官场中举办宴会时满人和汉人合作的一种全席。官府中举办满汉全席时首先要奏乐，鸣炮，行礼恭迎宾客入座。客人入座后由侍者上进门点心。进门点心有甜、咸两种，并有干、稀之别。进门点心之后是三道茶，如清茶、香茶、炒米茶，然后才正式入席。满汉全席上菜分冷菜、头菜、炒菜、饭菜、甜菜、点心和水果等，一般起码一百零八种，分三天吃完。

最后的晚餐

在圣诞节的前夜，耶稣和他的十二个门徒共同进餐庆祝，这是他们在一起吃的最后一顿晚餐。在餐桌上，耶稣突然感到烦恼，他对他的门徒说，他们中有一个将出卖他。但耶稣并没说这个人是谁，众门徒也不知道谁将会出卖耶稣。在名画《最后的晚餐》中，耶稣的右边有一个人，他朝后倚着，仿佛在往后退缩。他的肘部搁在餐桌上，手里抓着一只钱袋。他就是那个叛徒犹大。

泰门的豪宴

《雅典的泰门》是莎士比亚的最后一部悲剧。泰门是雅典贵族，家庭富有，乐善好施，慷慨大方。该剧第一幕便描写了泰门豪宴宾客的场面，人员众多，包括诗人、画家、珠宝商、贵族，无疑，他们的到来是钟情于泰门的财富，而不是泰门所想象的友谊。后来，泰门的债主前来讨债，泰门想起了他的这些朋友，当他不得不向自己的朋友借钱时，却遭到了拒绝。最后，泰门在绝望中疯狂死去。

霸王别“鸡”

论文化，论底蕴，论卖相，论无厘头，经典中国大菜里面相信没有一道可以超过“霸王别鸡”。换句话说，像这样集爱情、死亡、战争、歌舞等肥皂剧基本要素于一锅者，非“霸王别鸡”莫属。

说俗了其实就是王八炖鸡，谁家的厨房里都做得出来，只是安徽人说此乃徽菜之掌门，江苏人坚持这是苏菜之杰作，山东人又宣称此系鲁菜的代表，凡此种种，皆与“垓下”以及楚汉相争之双方出场主力的籍贯有关。但这些并非要害所在，要害是：与王八赴汤的鸡必是母鸡，与母鸡蹈火的王八则须是鳖公，一锅好汤不仅因此而负阴抱阳，更要紧的是忠于原著。问题是，自从虞姬与项羽“刎别”之后，有关的演义一直层出不穷，关于女方，《项羽本纪》只是很不礼貌地提过一句：“有美人名虞，常幸从。”此外的种种盖属戏说。“汉兵已略地，四方楚歌声。大王义气尽，贱妾何聊生”——这是京戏的；“遗恨江东应未消，芳魂零乱任风飘”——这是“虞美人”的。

这当然还很不过瘾。有关资料记载：“安徽厨师们为纪念这个悲壮的历史故事，以这个典故创制成此菜”，“四面楚歌之中，美人虞姬为项王消忧解愁，用甲鱼和雏鸡烹制了这道美菜，项羽食后很高兴，精神振作，此事及此菜制法后来流传至民间”。

世界各国特色火锅PK大赛

印度火锅

该国最为著名的火锅要首推“咖喱火锅”，其所用佐料是本土的特产咖喱、番叶、椰子粉以及香料等，涮的东西有鱼头、草虾、鸡肉和牛肉等，锅底还为米粉浸汁，有尽吸原汁之雅趣。

咖喱火锅

朝鲜火锅

酸菜白膘

该国的火锅以“酸菜白膘”为标准，以木炭火煮食，熬的汤为海参汤。酸菜用盐水浸泡，滤干腌泡而成，而所用的白膘肉即是五花肉煮熟切成片或是蒸过一遍后去除油腻，吃时再配以血肠、蛤蜊等，朝鲜火锅的这种吃法虽说比较原始，但吃起来却十分爽口。

韩国火锅

该国最传统的火锅就要算是“石头火锅”了，大有“辣死人不偿命”的韩国风情。在这种火锅的底部放的尽是辣椒油和辣椒粉等辣味调料，上面盖

石头火锅

满了肉块和肥鸡块，吃时会辣出大汗、眼泪，真可谓“辣死人，乐死人”。

泰国冰炭火锅

泰国地处热带，在曼谷气温常是摄氏33度上下，尤其在4月～6月间，天气更是炎热，而街上常见有“火锅”店。大热的天，有许多人围着一个火炉吃“火锅”。只见一盘盘牛肉片、羊肉片、鱼蛋、鱼片、鱿鱼、豆腐、生菜、粉丝摆满台，人们蘸着很辛辣的辣酱大吃起来，吃得津津有味，并不感到燠热，这是空调冷气使餐厅温度维持在10℃下的原因。泰国人在比较正式的宴席中，喜用“火锅”，这是泰人的爱好，一边吃“火锅”一边喝“冰茶”和冷饮小吃，说这是“冰炭结合”，并以此为口福，别有一番情趣。

日本迷你火锅

这种日本迷你火锅在日本又有“涮涮锅”或是“一人天地”之美称，它是由微型小锅盛高汤，加入豆腐和番茄以及香菇等，并且另外加一碟肉，自吃自添，尤其适合于单身火锅迷一人享用。

日本的纸火锅

这是近两年来在日本新兴的一种火锅，其使用非常简单，人们在旅游、出差及休闲时均可品尝。这种新兴的纸火锅不漏不燃，其主料和汤料均用特制的纸包装。在这种火锅中加水点燃后即可食用，而且其味道鲜美无比，食时别有一番情趣。这种纸火锅的佐料组成是日式高汤和淡酱油以及味精汁等，其搭配比例是

日本纸火锅

24：2：1，主要有牛肉片、鱼片以及鹿肉片等。

日本锄禾火锅

日本锄禾火锅部分材料

这种火锅主料有牛肉片、鸡片、虾片、鱼片、猪排肉、猪腰片以及明虾等，配料有粉丝、鱼圆、菠菜、京菜、洋菜和色拉油等，其具体的食用方法是先点燃平底锅，等油烧热时将菠菜和洋葱等放入锅中拌炒至八成熟，再放入白菜梗同炒，加白糖和酱油，待全部炒熟后再把自己喜爱的各式主料加放到锅中煎熟，一边食用一边煎煮，吃到一半时，再加入一些鲜汤煮熟，加佐料后再在鲜汤内涮以主料食用之。

瑞士奶酪火锅

奶酪火锅

奶酪火锅就是先将奶酪放进锅里，待其煮成液体状后再加入一定数量的白酒和果酒，吃的时候要用长柄的叉子将一块法式的面包叉起来放进锅中蘸奶酪吃。这时的面包又热又香，吃起来特别的爽口宜人。就这样一边烧一边蘸一边吃，直到火锅中的液体奶酪快要烧干烧焦时为止。一些嗜食瑞士奶酪火锅成性的欧洲人，一次甚至可以吃上二三十块蘸有液体奶酪的面包。

瑞士巧克力火锅

这是一种很受瑞士女孩子们青睐的火锅，它的食用方法和奶酪火锅差不多，事先

巧克力火锅

将巧克力放入锅中煮成汁，再用长柄叉子叉着水果片，蘸着锅中的巧克力汁一片一片地吃，一直到火锅中巧克力汁蘸完为止。因为这种火锅在吃的时候别具一番情趣，因而它在瑞士也颇受青年恋人们的喜爱。

意大利火锅

该国火锅的主要原料是牛肉片、火腿、猪排肉和虾仁等，配料有菠菜、洋

葱以及黄油等。人们在吃火锅时，先将火锅烧热，然后再将菠菜和洋葱放入锅内煮一下，稍后再放火腿、鸡片和猪排肉等，待开始吃的时候再放入虾仁等海鲜产品，以保持火锅的鲜香味。

世界著名的品牌啤酒

嘉士伯

嘉士伯

丹麦啤酒。世界销量前列，知名度较高，在各地有工厂。但口味较大众化，登不了大雅之堂，喜欢赞助足球赛，在广东有工厂。香港电影里的劳动人民比较爱喝。

喜力

荷兰啤酒，其老板是荷兰首富。口味较苦，广泛被知识分子所选择，从其广告风格及所赞助的网球赛便可品出其口味。强调孤身奋斗，是独身奋斗人士的首选。

贝克

德国啤酒，口味实在，就像德国人，成功人士的首选。

贝克

百威

美国啤酒，美国拳击赛不折不扣的赞助商。酒味清香，因其橡木酒桶所至。美国乡村文化爱好者的首选。在武汉有工厂。

虎牌

新加坡啤酒，东南亚知名度较高。味道一般，名气大于味道，感觉上是摇滚歌厅喝得较多。喜欢赞助足球赛等需要激情的比赛。

科罗娜

墨西哥酿酒集团，世界第一品牌。美国人的首选，酒吧爱好者的最爱。味道就像她

世界文化常识

的名字一样动人。

健力士黑啤

健力士

爱尔兰出产。啤酒中的精品，味道独特，出差人士的首选。

老挝的老牌啤酒

和东南亚国家的啤酒一样，是东南亚爱好者及享乐人士的首选之一。

麒麟

日本啤酒，味道清淡。酒劲较大。日本人非常喜欢喝。

麒麟

香槟酒的来历

远在两千多年前，法国香槟地区就开始种植葡萄和酿制葡萄酒了。1668年，该地区奥维利修道院担任管家修士的丹·佩

香槟酒

里农立志酿造出甘甜可口的葡萄酒。他把各种灰葡萄酒互相掺拌，用软木塞密封后放进酒窖。第二年春天，当他把那些酒瓶取出时，发现瓶内酒色清澈，明亮诱人。一摇酒瓶，“砰”一声巨响，他吓了一跳，瓶塞不翼而飞，酒喷出了瓶口，芳香四溢。大家争着品尝新酒，把这种酒称为“爆塞酒”、“魔鬼酒”。后来，人们用产地的名把它命名为香槟酒。

英国下午茶的来历

英国维多利亚时代，1840年，英国贝德芙公爵夫人安娜女士每到下午时刻就心想，此时距离穿着正式、礼节繁复的晚餐Party还有段时间，又感觉肚子有点饿了，就请女仆准备几片烤面包、奶油以及茶。后来安娜女士邀请几位知心好友伴随着茶与精致的点心，同享轻松惬意的午后时光，没想到一时之间，在当时贵族社交圈内蔚成风气，名媛仕女纷纷仿效；一直到今天，已俨然形成一种优雅自在的下午茶文化，也成为正统的“英国红茶文化”，这也是所谓的维多利亚下午茶的由来。

护士工作的奠基人——南丁格尔

佛罗伦萨·南丁格尔（florence nightngale）是英国人，1820年5月12日生于意大利的佛罗伦萨城，她父母以此城之名为她取名。她生于一个名门富有之家，自幼便在家庭里受教育。她父亲是一个博学、有文化教养的人，为她提供了古典书籍、数学、哲学和语言等方面的教育。她母亲对她很不满意，因为她无意于婚姻。她在当主妇、当文学家、当护士三者之中选择了当护士。她从小便经常照看、护理附近村庄的病、残人员，以解除病者的痛苦。她的父母反对她做护士，认为有损家庭荣誉，但封建意识、社会影响从未使她失去做护理工作的信心。

在她生活的时代，没有一个有身份的人会去做护士，做护士的往往都是一些无知、粗鲁、酗酒、没有受过训练的女人。她利用到欧洲旅游的机会，了解各地的护理工作，最后选定了德国的凯瑟沃兹医院，并于1851年在该院参加了4个月的短期训练班，使她学护士的理想终于实现。在

南丁格尔

学习期间，她亲身体验到护理工作要为病人解除痛苦、给予精神安慰，必须付出多方面的辛勤劳动。

1853年，她在伦敦担任了妇女医院院长。次年，克里米亚战争爆发，她受政府的邀请，带了38名合适的妇女，于1854年10月21日离开伦敦，启程前往克里米亚。

在克里米亚，南丁格尔发现工作很困难：军队领导对她的工作怀疑，医院的给养也短缺，护士的纪律很差。面对种种困难，她重点整顿了规章和纪律。由于各方面的支援，医院供应好转；精心的护理挽救了很多士兵的生命。士兵们为了表示对她们的感谢，不再骂人，不再对人粗鲁。夜静时，南丁格尔手持油灯巡视病房，士兵竟躺在床上亲吻落在墙壁的她的身影。她时时注意士兵的伤口是否换药了，是否得到了适当的饮食。她安慰重病者，并督促士兵往家里写信并把剩余的钱给家里寄去，以补助家庭生活。她自己还寄了几百封信给死亡士兵的家属。在很短的时间内，她便在士兵中成了传奇式的人物，同时，全英国也知道了有一位“持灯女士”。她在克里米亚短短半年时间内，士兵的死亡率由原来的50%下降到22%。

南丁格尔在克里米亚患了克里米亚热，健康还未完全恢复，就又继续工作。1856年11月她作为最后的撤离人员，返回英国。回到英国后，她已极度疲惫，但不久，她又继续忙于英国皇家专门调查委员会的军队卫生工作。虽然在1855年已得到各方面资助的办护士学校的基金，她却未能够马上开展办护士学校的工作。她认为，护校必须与医院结合。最后，她选中了伦敦的圣·托马斯医院作为她的办学基地，1869年，南丁格尔护士训练学校开学。

南丁格尔护士学校开学时有15名女子，年龄在25岁～35岁之间，训练时间为一年。学生的食、宿、制服、学费全部免费，并每年发给10英镑助学金。学校委托给圣·托马斯医院护理主任管理，南丁格尔只去过学校两次，但她一直密切关注学校的发展情况。医院护理主任不断向她请示、汇报学校的每一件事，护士和护士长常常在南丁格尔家中进行面谈。

南丁格尔虽然健康状况不好，但仍活到90岁。直到她80岁高龄时，仍为护理事业忘我地工作着。她不停地读书、写报告，对医院建设提建议，接见那些想与她讨论工作的人，并会见护士们，询问她们的工作。从南丁格尔护校毕业的护士们曾到世界各国帮助改进医院护理工作。南丁格尔最高兴的就是听到护理工作所取得的进步。

南丁格尔最大的成就就是创建了护理专业，然而其影响却远不止于此。在维多利亚时代早期，女子除了管家之外所学的很少，而且只有极少数女子会成为贵妇人。南丁格尔的建树使妇女有能力做更多的事。她并不强调男女平等，但她为妇女赢得了今天所能享受的自由。

1907年，英国政府授予南丁格尔最高荣誉勋章，这是首次将该勋章授予女性。

1910年的一个晚上，南丁格尔这位90岁的老人，在睡梦中安然长逝。为了永远地纪念她，国际护士协会和国际红十字会把她的诞生日——5月8日，定为国际护士节，并决定以南丁格尔的名字命名最高护士荣誉奖，即南丁格尔奖。1912年，红十字国际委员会决定，每两年颁发一次南丁格尔奖章和奖状，作为对各国护士的国际最高荣誉奖。

1991年，红十字国际委员会布达佩斯代表大会通过的佛罗伦萨·南丁格尔奖章规则第二条规定，奖章可颁发给男女护士和男女志愿护理工作人员，在平时或战时做出如下突出成绩者：具有非凡的勇气和献身精神，致力于救护伤病员、残疾人或战争灾害的受害者；如有望获得奖章的人在实际工作中牺牲，也可以追授奖章。

南丁格尔奖章是镀银的。正面有佛罗伦萨·南丁格尔肖像及“纪念佛罗伦萨·南丁格尔，1820至1910年”的字样，反面周围刻有“永志人道慈悲之真谛”，中间刻有奖章持有者的姓名和颁奖日期，由红白相间的绶带将奖章与中央饰有红十字的荣誉牌连接在一起。同奖章一道颁发的还有一张羊皮纸印制的证书。

“试管婴儿”的诞生

体外受精技术（IVF）俗称“试管婴儿”（testtubebaby），目前是世界上最广为采用的生殖辅助技术。“试管婴儿”并不是真正在试管里长大的婴儿，而是从卵巢内取出几个卵子，在实验室里让它们与男方的精子结合，形成胚胎，然后转移胚胎到子宫内，使之在妈妈的子宫内着床、妊娠。

正常的受孕需要精子和卵子在输卵管相遇，二者结合，形成受精卵，然后受精卵再回到子宫腔，继续妊娠。所以“试管婴儿”可以简单地理解成由实验室的试管代替了输卵管的功能。

试管婴儿

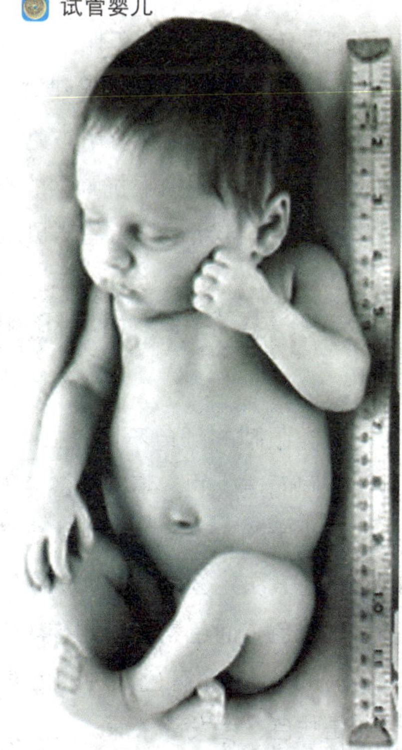

尽管体外受精原用于治疗由输卵管阻塞引起的不孕症，但现已发现体外受精对由子宫内膜异位症、精子异

常（数目异常或形态异常）引起的不孕症，甚至原因不明性不孕症都有所帮助。研究显示一个周期治疗后的妊娠率在40%左右，出生率稍微低一点。

莱斯莉·布朗和约翰·布朗是英国一对不孕夫妇。在历经9年孕育后代的努力终告失败后，1977年，夫妇二人鼓起勇气，向试管受精技术先驱罗伯特·爱德华博士及帕特里克·斯特普托博士求助。

科学家从莱斯莉和约翰体内分别取出卵子和精子，并将其一并放在试管培养液中。卵子受精并发育成胚胎后，科学家将它植入莱斯莉体内，莱斯莉成功“怀孕”。

1978年7月25日，莱斯莉生下一名女婴，取名路易斯。作为世界首例试管婴儿，她的出生成为当年全球媒体竞相报道的头条新闻。

6年后，布朗夫妇二度借助试管受精技术，再添一女。

第一个获诺贝尔医学奖的人

自第一次颁发诺贝尔奖金以来，迄今已有100多年了，第一个获得这项医学奖奖金者，是德国微生物学家贝灵（1854～1971），其主要成果是发明了白喉抗毒素。

贝灵1878年毕业于柏林威廉皇家学院医科，在做过一段时间的军医后，于1889年到郭霍传染病研究所工作。郭霍交给贝灵研究的课题是探索治疗白喉的药物。

1895年，贝灵到马尔堡建立白喉抗毒素研究所。由于临床上对白喉抗毒素的需要量很大，贝灵后来就改用牛免疫血清，最后又改用马免疫血清。

由于贝灵发明白喉抗毒素的杰出成就，使得世界上不少儿童免去白喉的威胁，因此他在1901年获得了首届诺贝尔医学奖金。

为什么不同人种眼睛颜色各不相同

人类眼睛的颜色不同是因为虹膜——也就是瞳孔所在的膜——所含色素“含量”不同而造成的。事实上各色人种的色素几乎相同，不同的只是含量而已，这是由基因决定的，不同的人种决定色素多少的显性基因数量不同，而决定瞳虹膜颜色的正是色素决定基因的对比关系“调色板”。白种人显性基因少所以白种人的虹膜多呈现浅色，而色素基因同样决定他们的肤色和毛发颜色，所以金发碧眼是西方美女特有的魅力；而有色人种的色素决定基因中显性基因数量多，故而无论是瞳孔颜色还是肤色、毛发都较深。

第六章

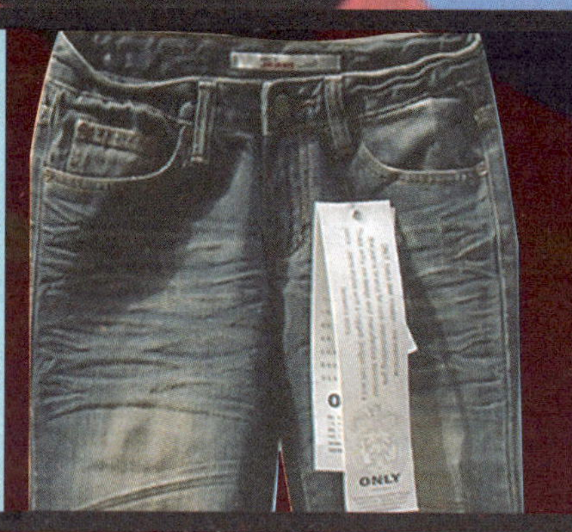

服饰与日用

Fushi Yu Riyong

你知道我们现在穿戴的这些服饰是怎样发展演变而来的吗？你知道我们平常用的一些日用品的起源和发展过程吗？本章将为你详尽地介绍裙子的小史、最早的化妆品以及伞的历史和由来，等等。精彩内容，不容错过。

日本和服

日本的和服是世界上享有盛誉的传统民族服装之一，至今已有1000多年的历史。

和服早在600多年前就已基本定型，其后并没有什么大的变化。和服的种类很多，主要有“黑留袖”、“色留袖”、“本振袖”、“中振袖”等。

穿和服可根据不同的式样配束相应的腰带。腰带的结法多达200多种，主要有鱼甲、凤凰、仙鹤、蝴蝶、松、竹、梅、牡丹等形状。宽大舒适、色彩绚丽而又端庄大方的和服，不仅是一种实用品，也是一件艺术品。日本的绘画、戏剧艺术的发展都与和服有着密切的联系，特别是风俗版画——浮世绘中的美人画，更离不开和服。陶器、漆器、金属工艺品等，也多采用和服的花纹。

每逢庆祝传统节日，参加祭典仪式，出席茶道、花道等，人们总是喜欢穿上新和服。每年3月3日的“女孩节”和5月5日的“男孩节”，孩子们都要穿上和服欢度节日。1月15日的“成人节”，年满20岁的姑娘们身着未婚妇女专用的“振袖”和服，打扮得花枝招展，成群结队地去参加进入成年的庆典活动。结婚仪式，新娘要穿象征神圣、纯洁的“纯无垢”和服，新郎则身穿男性婚礼和服。

日本和服

裙子小史

最初，人类先用皮毛围至腹部膝前，这可能是为了保护腹部免遭伤害，同时也和人类赖以繁殖后代的生理形态有关，后来才掩遮后面。骨针发明后，人们把前后两片连缀缝合起来，可以说是裙子的雏形，并形成了后来的下裳，也就是后世的裙子。

周朝开始，妇女的礼服采用衣裳上下相连且同颜色的袍制。上下相连，上下同色，意思是表示妇人专一。现在的连衣裙也由此演变而来，真可谓源远流长了。据《汉书·教昭上官皇后传》

裙子

记载，古人的裤子大多无裆，从汉昭帝上官皇后始，妇人穿有裆之裤，名曰“穷裤”。

古代妇女的服装虽出现了袍和裤，但日常服装还是上衣下裙，直至近代。

鞋的变迁

鞋的历史已相当久远。古称鞋为鞜、跋或履。大约在5000多年前的仰韶文化时期，即出现了兽皮缝制的最原始的鞋。3000多年前的《周易》中已记载有履。《诗经》上“纠纠葛屦，可以屦霜”里的“屦”，就是一种比较简陋的用麻、葛编成的鞋。

鞋

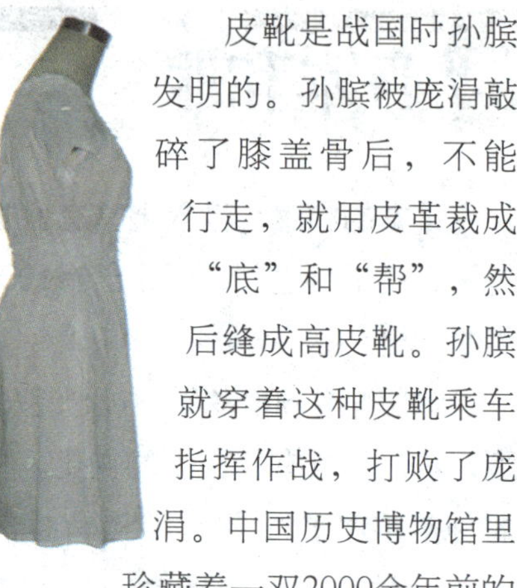

皮靴是战国时孙膑发明的。孙膑被庞涓敲碎了膝盖骨后，不能行走，就用皮革裁成“底”和“帮”，然后缝成高皮靴。孙膑就穿着这种皮靴乘车指挥作战，打败了庞涓。中国历史博物馆里珍藏着一双2000余年前的皮靴。

裤子史话

50000年前，山顶洞人学会用骨针缀皮，但其目的是想将小块兽皮拼成大一点，以便裹住全身。到原始社会晚期，人们学会了种麻和织布，出现了按个人身材和不同季节缝制的服装，并且渐渐有了上衣下裳之分。这种服式在我国一直沿用到奴隶社会晚期。那时，无论男女都是穿裙子的。

在殷商时期，骑马之风盛行。人们围着裙子跨上跨下很不方便，只好把裙子的前后各开一个口子。与此同时，为了不使两腿裸露，就在两条腿上套上两条

裤

"绔"。从"绔"的字音和字义两方面来看，都与今天的"裤"字相似，但它还不完全和今天的裤子相同。类似裈裆裤的下装出现，大约在西汉时期。不过汉朝的"绲绔"也不完全与今天的裈裆裤相同。"绲"就是编织的带子，所谓"绲裆裤"，实际上只是一种专用于遮羞、形似布条的编织物。真正的裈裆裤出现，那已是唐朝以后的事了。

雨衣的诞生

印第安人用天然橡胶乳制出的胶鞋，具有无法估量的深远意义。到了1823年，人们在第一双胶鞋的启迪下，试图把橡胶向更加广泛的生活领域内推进。

在这一年，美国一位叫麦金托什的人，把天然橡胶涂在了布外套上，用以遮挡雨水。但是，麦金托什的雨衣实在令人啼笑皆非，夏天它非常粘手，软软乎乎，让人简直不敢触摸这只"粘老虎"，可是，冬天一来，它又板起一副庄严的面孔，硬得像只牛皮，简直无法穿在身上。麦金托什的雨衣虽然并非成功之作，但它毕竟是一项了不起的发明，成为世界上的第一件雨衣。

雨衣

风衣的由来

风衣的出现，距今不到100年。英国的衣料商托马斯·巴尔巴尼年轻时就经营服装面料，并积极开发新品种，他在同行的协助

风衣

下，经过反复试验，终于制出了防水加毕丁(一种细密的棉织物)，使棉织品用于风衣取得了成功，并于1888年取得专利权。

在第一次世界大战中，托马斯·巴尔巴尼为了适应战斗的需要，设计了一种堑壕用的防水大衣，款式为双襟两排扣，有腰带，领子能开能关，插肩袖，有肩章，在胸部与背上有遮盖布，以防雨水渗透，下摆较大，便于动作。

通过试用，英军认为这种堑壕大衣便于在雨中作战的士兵穿着。1918年，英军决定正式采用。

随着时代的变迁，当年军人穿用的堑壕大衣逐步演变成为生活服装，但其款式一直是现代风衣的基础。风衣也由单纯的男式发展到今天的男女两种并存，式样设计上也出现了多种花样。在门襟设计上，由原来的双排一种发展到双排扣、单排扣、单排门襟暗扣、偏开门襟等多种；衣领设计有驳开领、西装领、立领等；风衣的袖子也变得多种多样，有插肩袖、装袖、蝠袖等。风衣的色泽、装饰物也有较大的变化。女式风衣的款式更是日新月异。在国际市场上，风衣已成为服装类的主要品种。

印度的纱丽

纱丽是印度妇女披在内衣外的一种绸料长袍。它由一段长约5米～8米的丝绸制成，两侧有滚边，上边绣有各种图案，有色调淡雅的花卉，

纱丽

也有艳丽多彩的几何图形。它的穿法是从腰部围到脚跟，成筒裙状，然后把末端下摆披在左肩或右肩，自成活褶，与上身带有素白色、鲜红或花色的短衫相协调，在短衫与筒裙之间裸露一截腰肢。每逢喜庆节日，身着各色纱丽的妇女聚集在一处，风舞轻纱，分外动人。

纱丽是印度妇女的传统服装，距今有着5000年的历史。印度著名诗《摩诃婆罗多》中，曾提到过四五千年前存在着一种织有珍珠滚边的纱丽。在一些古雕刻画中，也一再出现身着各种几何图形纱丽的妇女形象。最早的纱丽服是举行宗教仪式时穿的一种服装，男女都可以穿，后来才演变为妇女的普通装束。

纱丽的产生有一段动人的传说：古时候，有一个著名的织匠，想象力极其丰富。有一次，他梦见了一位楚楚动人的少女，这位少女的眼泪闪若丝光，她略微歪斜的头发变成褶纹，她的喜怒哀乐即是颜色，她的触觉柔软绵密。织匠醒后，把这一切美好的幻觉编织出来，成了一块漂亮的莎丽。

牛仔裤溯源

牛仔裤这种全球性流行的服式，发源于美国。

19世纪50年代末，有一个名叫利维·施特劳斯的普鲁士裔美国淘金者来到旧金山。他原先是个布商，随身带了几匹可做帐篷、车篷的帆布，但他看到淘金工穿着的棉布裤极易磨破时，便用所带的厚实帆布裁做低腰、直腿筒、臀围紧小的裤子出售，大受淘金工的欢迎，自此转而成为牛仔们的特色服装。利维进而把裤料改为靛蓝斜纹粗布，他的生意越做越大，于1871年申请专利，正式成立“利维施特劳斯公司”，后发展成为国际性公司，产品遍及世界各地。

牛仔裤

领带小史

领带始于罗马帝国时代。那时，士兵们在脖子上戴着一种类似围巾和领带的东西。直到1668年，领带在法国才开始变为今天这种样式，并发展成男子服装的重要组成部分。不过，那时领带在脖子上要绕两圈，两端随便地耷拉着，而领带下面还有三或

领带

四个花结的波形绦带。

1692年，在比利时的斯腾哥克城郊，英国偷袭了法国兵营。慌忙之中，法军军官无暇按照礼节系扎领带，只是顺手往脖子上一绕。最后法军击溃了英军，于是贵族时装中又增加了斯腾哥尔克式领带：它用镶花边的细麻布制成，一端从坎肩的扣眼中穿过。斯腾哥尔克的英雄们名噪一时，连妇女们也竞相系斯腾哥尔克式领带。17世纪末还流行起一种叫“克莱蒙”的花边领带。

进入18世纪后，领带交了厄运。取而代之的是白洋纱“脖套”（它折三下，两端穿过系在后面假发上的黑花结）。但从1750年起，这种男子服装的装饰就被淘汰了。

这时，“浪漫”式领带出现了：这是一种方形白洋纱，它先对角折，然后再折几下在胸前打结。领带的系法十分讲究，被誉为真正的艺术。

1795年～1799年在法国又兴起了新的领带浪潮。人们系起白色和黑色的领带，甚至在盥洗时也系着马德拉斯布领带。领带比以前系得更紧了。

19世纪的领带高高地遮掩了脖子。后来出现了“硬胸”式领带，是用大头针别着的，由各种料子制成，如绸缎、天鹅绒等。到19世纪70年代，首次推出了自结花结领带。第二帝国时代(1852～1870年)素有领带的发明时代之称。20世纪20年代出现了领带夹，30年代出现了编结领带；但是最主要的变化是领带的大众化，它已成为各种年龄、各行各业的男子服装不可缺少的组成部分。

手套趣话

冷天，人们出门时戴上一副手套，两只手就会暖和。可是，在刚有手套的时候，它却不是用来保

手套

暖的。

在古罗马，一些贵族和武士常常到野外去打猎，随身带着经过训练的雄鹰，以便帮助他们捕捉飞禽。这些雄鹰就停在他们的手腕上，雄鹰的脚爪十分尖利，往往把人们手腕上的皮肤抓破。于是，人们就想了个办法，在手腕上戴上一副长臂手套，用来保护皮肤。后来，手套的用处慢慢地变化了，就变成了现在人们劳动时候的各种防护手套和冬天用的保暖手套。

餐巾的由来

餐巾是宴会酒会上的一种专用保洁方巾。据说在15～16世纪的英国，因为还没有剃刀，男人们都留着大胡子。在当时还没有刀叉的情况下，手抓肉食时很容易把胡子弄得全是油腻，他们便扯起衣襟往嘴上擦，于是，家庭主妇就在男人的脖子下挂块布巾。这是餐巾由来的一种说法。

餐巾

其实，原始的餐巾我国古代就有。战国时成书的《周礼》中，就已记载了周朝设宴人掌管用毛巾覆盖食物的古制。这种用以覆盖食物的毛巾，可以说是世界上最早的餐巾。到了清代，皇帝吃饭时使用的称为“怀挂”的餐巾则十分别致。它用明黄色(皇帝御用的颜色)绸缎绣制成，绣工精细，花纹别致，福寿吉祥图案华丽夺目。餐巾的一角还有扣袢，便于就餐时套在衣扣上。

这种具有中国特色的餐巾，比一般的西方餐巾要华贵得多，且使用方便。

美国人的穿着

美国人穿衣服

美国人穿衣服对款式的要求并不高，但却很讲究整洁，基本上是一天一换。他们要是干什么事情弄脏了衣服，或是出汗湿了衣服，或是去某地见某人觉得所穿衣服不合适，他们就会换衣服，所以，很多人的车里都挂有备用衣服。到周末的时候，他们会把一大堆“脏”衣服放到全自动洗衣机里洗净，再放到烘干机里烘干，

洗多少衣服也不嫌麻烦。住公寓的最多是往公用洗衣机里多塞几个硬币就行了。所以美国人不喜欢不能用洗衣机洗的衣服，如毛料衣服，纯毛毛衣或洗后褪色、起皱的衣服。实际上，美国人并不是每件衣服穿一天就洗的，尤其是年轻人，可能今天换下的衣服，过几天又拿出来穿上。这样不仅看起来天天换衣服，而且避免了更多地洗衣服，同时也能使他们很多人都有的腋臭得到些控制。

在美国，穿衣服也很讲究得体，尤其是在一些正式场合。否则，可能当面没人说你什么，但却会给别人留下不好的印象，影响进一步发展与别人的关系。不同的环境对衣着的得体有着不同的要求。如在大学里，教师们的着装都很整洁、大方和正式，一方面体现他们受过良好的教育，另一方面可能是为人师表的原因。另外，周末人们去教堂时，每个人都穿得比较正式，但未必都是西装革履，其实多数美国人很少穿西装。在非常正式的场合，衬衣配领带或衬衣加领结就够了。

眼镜的起源和发展

我国的眼镜有着悠久的历史，中外史籍中都记载了眼镜最早起源于中国，是我国古老文化、医疗、技艺的遗产。它的发展变迁经历了几千年的历史。

眼镜

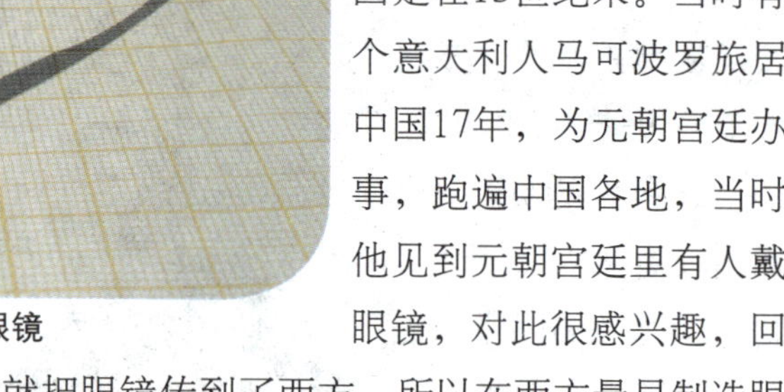

眼镜从中国传到外国是在13世纪末。当时有个意大利人马可波罗旅居中国17年，为元朝宫廷办事，跑遍中国各地，当时他见到元朝宫廷里有人戴眼镜，对此很感兴趣，回国时就把眼镜传到了西方，所以在西方最早制造眼镜的地方是马可波罗的故乡威尼斯。另外，在马可波罗的游记中还载有老年人戴眼镜阅读小说及小字的记载。

最原始的眼镜是起源于透镜(放大镜)，它的制造、应用与光学透镜的出现密切相关。相传最初发现眼镜能使物体像放大的光学折射原理是在日常生活中偶然察觉的。当时有人看到一滴松香树脂结晶体上恰巧有只蚊子被夹在其中，通过这松香晶体

球，看到这只蚊子体形特大，由此启发了人们对光学折射的作用的认识，进而利用天然水晶琢磨成凸透镜，来放大微小物体，用以解决人们视力上的困难。这就是我国眼镜的雏形时期。

据《世界之最》介绍，在公元前283年，中国皇帝就通过透镜来观察星星。

经初步考证，有关透镜和眼镜的历史，我国早在战国时期(2300年前)，《墨子》中已载有墨子很多有关光和对平面镜、凸面镜、凹面镜的论述。公元前3世纪时我国古人就通过透镜取火。东汉初年张衡发现了月亮的盈亏及日月食的初步原因，也是借助于透镜的。

中国最古老的眼镜是水晶或透明矿物质制做的圆形单片镜(即现在的放大镜)，传说唐代大文人祝枝山就曾用过这种眼镜，在宋代时就有人用水晶镜掩目来提高视力了。

何谓芭比娃娃

芭比娃娃

芭比娃娃的出现，源于美泰儿玩具公司老板娘露丝·海德的点子。当时，她看到女儿芭芭拉正在玩纸娃娃，兴味盎然地帮纸娃娃画衣服、换皮包……露丝于是意识到，等女儿大一点时，她可能会需要一只立体造型的娃娃。于是露丝仿照德国娃娃“丽丽”(Li li)的外形，创造了一个外型摩登、身材性感的小娃娃，并且以自己女儿的小名“芭比”来命名。

美泰儿公司在1959年开始生产芭比娃娃，一直到今日。

最早的化妆品

化妆品并不是现代人的创造发明。早在五六千年前，人类就开始用各种染料涂面了，不过当时的涂面并不是为了漂亮，而是为了在战斗中吓唬对手。在公元前2000年左右，人们开始为了美而化妆打扮了。古埃及妇女常常描眼睑、涂脂抹粉。古罗马的奴隶主太太每天要花数小时的时间来化妆。此时化妆品应运而生了，人

化妆品

们开始制作各种各样的化妆品，用锑和烟灰及其他成分调制而成“眼影粉”，用红色染料调配而成“胭脂”。据考证，那时的那些简单粗糙的化妆品是世界上最早的化妆品。

最重的钟

苏联的科洛克尔沙皇钟是世界上最重的钟，堪称世界钟王。沙皇钟现安置在莫斯科克里姆林宫伊凡诺夫广场的大伊凡钟楼旁的台座上。它是俄罗斯铸造术的杰作，也是克里姆林宫的一件无价珍品。

沙皇钟是用铜锡合金浇铸而成，重约200吨，通高6.14米，直径6.6米，钟壁最厚部分为67厘米，钟的下部有一条60厘米长的裂纹，环绕大钟，铸有棕榈叶、花结及4条花瓣形的清晰、均匀的纹饰。钟的一面铸有当时统治俄国的安娜·伊凡诺夫纳女皇的浮雕像，旁边有几行赞颂圣母和女皇殿下的铭文，另一面铸有铸造者的姓名。为铸造这特大的铜钟，先后花费62008卢布。

伞的历史和由来

伞是我国首创，据传是鲁班的妻子云氏发明的。《孔子家语》中说：“孔子之郯，遭程子于途，倾盖而语。”这里的“盖”就是指“伞”。《史记·五帝纪》记有与伞同类的雨具，可见伞在我国已有四千多年历史了。最早称伞为“华盖”，唐朝李延寿写的《南史》和《北史》才正式为伞定名。古时的伞，是达官显贵的装饰品和士大夫权势的象征物，帝王将相出巡时，“长柄扇”、“万民伞”左簇右拥，乘坐的车舆上张着伞，表示“荫庇百姓”。官位、职务不同，“罗伞”的大小、颜色都严格区分，这一惯例一直传到明朝。纸伞是汉朝以后出现的，唐朝时传入日本，16世纪才传入欧洲。意大利艺术大师达·芬奇受伞的启发，设计了第一个降落伞。18世纪发明的伞齿轮，也是仿照伞的截面形状设计的。

伞

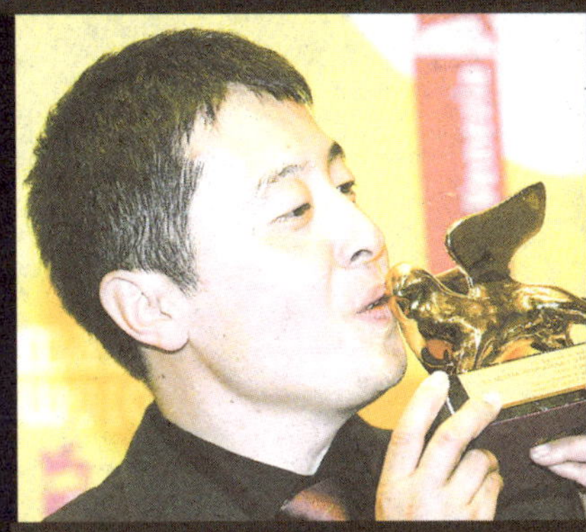

第七章

电影与摄影

DianyingYuSheying

电影是动态的美，摄影是静态的美。本章中我们会了解到电影的发展小史等一些关于电影方面的知识。另外，还介绍了世界摄影大师纽曼的摄影技术。从而肯定了电影与摄影之间相辅相成的微妙关系。

电影发展小史

19世纪末随着照明、幻灯、放映技术的综合运用，出现了最初的电影。电影放映最早出现在美国和法国。

1895年4月23日纽约的考斯特巴女尔音乐堂，首次放映的是迪克生的一部无声短片；1895年12月28日，巴黎卡普逊大街一家印度人开的大咖啡馆放映了法国人卢米埃尔兄弟摄制的《工厂大门》、《火车进站》等用胶片拍摄的滑稽短片，后者也被许多人视为世界电影商业放映的开始。

1896年电影先后在伦敦、埃及、德国、澳大利亚和中国做商业性的放映。

卢米埃尔兄弟

20世纪初，电影进入新闻纪录片、科教片和游艺片阶段，稍后故事片作为独立的艺术形式出现在电影业。1927年有声电影发明，但当时还只能摄取市集、街道等景物。

20世纪30年代，由于多层彩色胶片的发明，开始了彩色电影的新时代，1936年以后，电影在世界范围内陆续普及。

在科学技术的推动下，宽银幕电影、立体电影、多银幕电影、全景环幕电影等相继问世。

世界著名“影城”

当代国际影坛上，电影名城星罗棋布，风姿各异，其中最为世人瞩目的有以下三个“影城”。

好莱坞原意“橡树林”，现有人口25万，是世界闻名的电影城，素有西方“影都”之称。好莱坞有规模巨大的制片厂，数量众多的摄影棚和洗印厂、电影器材厂等，可以拍摄以世界各地为背景的影片。自1913年建立以来，聚集着派拉蒙、米高梅、福斯、环球、华纳等大制片公司，支配着影片的生产以及全世界影片的上映和发行，同时也吸引着世界各地的导演和演员去那里拍片和表演，成为美国繁华的电影城市。

孟买是“电影王国”印度的第二大城，从1971年起，印度电影的年产量一直居于世界首位，如1983年拍摄的故事片就多达750多部，其中一大半产于孟买。影城盛产“一三六艺术片”，即一名影星、三段舞蹈、六首歌曲用某个故事串连成戏，平均23小时生产一部电影。这种影片因拍摄快、卖座率高而被比作“精神快餐”。

瓦加杜古是非洲影都。1960年布基纳法索独立，将法国人经营的电影院收归国有，欧美实行影片封锁，断绝供片引起非洲各国公愤，它们纷纷以自己生产的影片免费供应布基纳法索放映，于是布基纳法索成为非洲影片的集散地。1969年这里举行了首届泛非电影节，1982年这里创建了非洲第一家制片公司，近年更被誉为“非洲好莱坞”，前景远大。

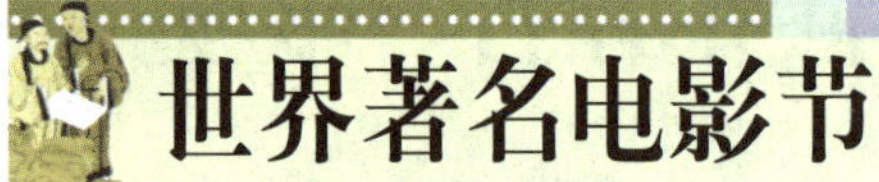

世界著名电影节

具有国际影响力的电影节主要包括：

奥斯卡金像奖颁奖仪式

奥斯卡奖是美国最高的电影荣誉，也是当前世界电影上影响最大、历史最悠久的电影奖之一，由美国电影艺术和科学学院颁发。它自1928年开始，在每年4月前后举行，至今已度过79个春秋。从历届评选结果看，大部分获奖作品都是题材比较严肃、艺术价值较高的影片。一年一度的奥斯卡颁奖仪式始终是美国好莱坞的一个盛大节日，世界很多国家都通过电视台转播大会的盛况。奥斯卡颁发的奖项有23个，为《末代皇帝》作曲的我国音乐家苏聪曾获奥斯卡音乐奖。

戛纳

威尼斯国际电影节

1932年，贝尼托·墨索里尼在水城威尼斯创办了有39部电影参赛的世界上第一个国际电影节，后来被人们称为“国际电影节之父”。这个电影节除评选和奖励优秀影片外，还放映大量观摩影片，其中包括在其他电影节上得过奖或未入选的影片，举行各种讨论会、纪念活动，开办电影市场等。这个电影节的特色是每次都有一个主题。威尼斯电影节在1934年举办第二届之后每年举行一次（二次大战期间停办7年），大都在当年八九月间，为期两周。二次大战前的奖项主要有：最佳影片奖、最佳导演奖、最佳男演员奖、最佳女演员奖、最佳外国片奖、最佳意大利电影奖、特别奖。1946年增加了圣马克金狮奖、圣马克银狮奖。

戛纳国际电影节

戛纳电影节不仅是世界规模最大的电影盛会之一，也是欧洲最大的电影市场之一。1946年9月20日，法国政府在国际旅游胜地戛纳举办了第一届国际电影节，由法国艺术行动协会组织，后改由法国工业部和商业部共同组织。以后除1948年和1950年因财政困难而停办、1968年因“五月风暴”影响未能举办外，每年5月举办一次，为时两周。举办电影节的主要目的是鼓励各国间的文化交流与合作，评价世界各地的优秀影片。电影节期间，每天平均要放映三四十部故事片，这些影片分为比赛节目和非比赛节目两种。授予最佳影片的大奖叫“金棕榈奖”（初名“金鸭奖”）。此外，设最佳导演奖、最佳男女演员奖、最佳摄影、最佳音乐等奖，还有评委特别奖、最佳娱乐奖、最佳剧本奖、国际奖。

柏林国际电影节

柏林国际电影节是欧洲最有影响的综合性国际电影节之一，创始人是阿尔弗莱德·鲍尔。这个电影节自1951年在西柏林创办以来，每年一次，为期两周，目的是通过放映来自世界各地的优秀影片，促进全世界国际电影工作者的交往，并为发行影片提供机会。电影节的主要内容是合作故事片及短片的评比，同时举行故事片、长纪录片、短片、动画片观摩展。每次映出的各类影片有二三百部，有时高达五百部。一种类型的影片，每个国家和地区提供一部。在会外映出的影片，每种也不得超过8部。电影节期间，还为电影工作者举办专场演出，举行电影座谈会，举办青年电影论坛，或为某个国家和地区举办有代表性的影片回顾展，以探讨电影的新倾向、新流派。另外还设有国际电影市场，进行电影交易。柏林电影节原在六七月间举行，自1978年起，为了和法国戛纳电影节竞争，提前至二三月间举行。它的主要奖项有金熊奖、银熊奖、国际评委会奖、评委会特别奖、纪念奖等，分别授予最佳故事片、短片、导演和男女演员等。

世界各国的电影大奖

中国:文化部优秀影片奖、金鸡奖、百花奖，台湾的金马奖。

美国:奥斯卡奖。

法国:凯撒奖、路易·卢米埃尔奖、德·吕克奖、乔治·萨杜尔奖、金棕榈奖。

英国:圣芬巴尔像奖。

意大利:金狮奖、但丁金像奖、大漩涡奖。

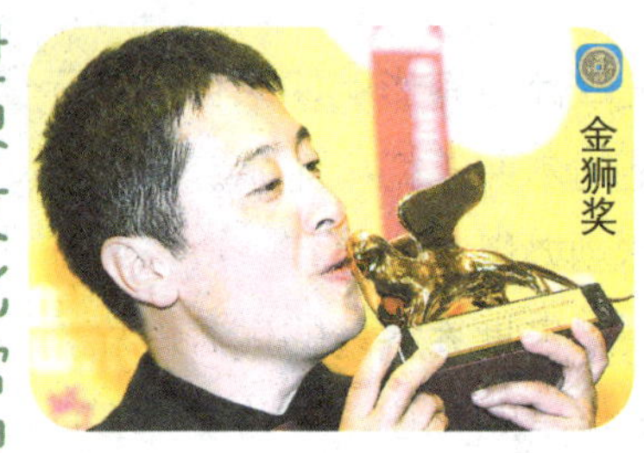

金狮奖

西班牙:哥伦布金像奖、海洛力斯银像奖、大金棕榈树叶奖、大金贝壳奖、金箭奖、金罗马城堡奖。

丹麦:金美人鱼奖、金锡兵奖。

南斯拉夫:金竞技场奖。

联邦德国:金熊奖、金穗奖、金币奖。

民主德国:金鸽奖。

保加利亚:金玫瑰大奖。

突尼斯:塔尼奖。

瑞士:金豹奖。

加拿大:金束奖。

捷克:水晶球奖。

古巴:大珊瑚奖。

委内瑞拉:西蒙·玻利瓦尔解放者奖。

印度:金荷花奖、金孔雀奖。

埃及:娜菲蒂蒂金像奖。

菲律宾:玛丽亚·克拉克奖。

日本:学院奖。

亚洲电影节:每届从金禾、金狮、金球、金锣、金帝奖中选一种。

世界电影之最

在银幕上出现次数最多的历史人物:法国皇帝拿破仑·波拿巴（1769～1821）。有这个角色出现的影片至少有163部。

在银幕上最常出现的美国总统:亚伯拉罕·林肯（1809～1865）。到目前为止,这个角色出现在128部影片中。

文学名著被搬上银幕次数最多的:威廉·莎士比亚的作品。直接由莎翁作品改编或源于莎翁之作而拍成的影片有270部。其中,《哈姆雷特》41

拿破仑

次，《罗密欧与朱丽叶》28次，《麦克白》26次。

改编次数最多的故事：德国格林兄弟写的《灰姑娘》。自从1898年以来，已经拍摄过58次，包括故事片、动画片、舞剧片、歌剧片、色情片等。

最昂贵的默片：美国弗雷德·尼布洛的《宾虚传》，耗资390万美元。

最昂贵的影片：苏联的谢尔盖·邦达尔丘克导演并主演的分为4部、长达8小时的史诗片《战争与和平》，耗资1亿多美元。

第一部获奖影片是吉奥瓦尼·维特洛蒂的《感恩的狗》（意大利，1907），它在意大利举办的国际比赛上获得了由路易·卢米埃尔兄弟颁发的金质奖章。1912年在都灵举办的国际影展上又获得了25000法郎的大奖。

一次获奥斯卡奖最多的影片：《宾虚传》（美国，1959）。该片获得11项奖：最佳影片奖、最佳导演奖、最佳男主角奖、最佳男配角奖、最佳摄影奖、最佳美工奖、最佳音响奖、最佳作曲奖、最佳剪辑奖、最佳特技奖和最佳服装奖。

约翰·福特

获奥斯卡奖数量最多的人：动画大师沃特·迪斯尼（1901～1966）。他共获得24项正式奖，6项特别奖。

获奥斯卡最佳导演奖次数最多的导演：约翰·福特。他导演的《告密者》（美国，1935）、《怒火之花》（美国，1940）、《青山翠谷》（美国，1941）、《沉默的人》（美国，1952）使他4次获奖。

获奥斯卡最佳男演员奖次数最多的演员有4人，每人获奖两次。他们是：斯宾塞·屈赛，主演影片《怒海余生》（美国，1937）和《孤儿乐园》（美国，1938）；费雷德里克·马区，主演影片《化身博士》（美国，1932）和《黄金时代》（美国，1946）；贾莱·古柏，主演影片《神枪手》（美国，1941）和《正午》（美国，1952）；马龙·白兰度，主演影片《在江边》（美国，1954）和《教父》（美国，1972）。

获奥斯卡最佳女主角奖次数最多的演员是凯瑟琳·赫本，她因主演《惊才绝艳》（美国，1933）、《猜猜谁来吃晚餐》（美国，1967）、

《冬狮》（英国，1968）和《金色池塘》（美国，1981）而获得4次奥斯卡奖。

最年轻的奥斯卡奖获得者是秀兰·邓波儿，她6岁时获得了一项特别奖，公认她在1934年中对于银幕娱乐所作的卓越贡献。

获得正式奥斯卡奖的最年轻的演员是塔特姆·奥尼尔。她10岁时在影片《纸月亮》（美国，1973）中担任角色，获奥斯卡最佳女配角奖。

塔特姆·奥尼尔

唯一无人认领的奥斯卡奖：1957年一个叫罗伯特·里奇的人因《勇敢的人》（美国，1956）这部影片的剧本获得奥斯卡最佳编剧奖。在发奖仪式上，没有人来认领这个小金像，也没有人知道这个叫“里奇”的编剧者。直到19年后，这部影片的制片人因被怀疑是“共产”分子，向电影艺术科学院送来一份保证书，人们才知道，原来“里奇”就是道尔顿·特仑波——“好莱坞十人之一”。

第一个获得奥斯卡奖的黑人演员：海蒂·麦克丹尼尔。她在影片《乱世佳人》（美国，1939）中扮演黑人保姆，获得最佳女配角奖。

第一个在故事影片中担任主角的黑人演员：萨姆·卢卡斯。他在影片《汤姆叔叔的小屋》（美国，1914）中扮演汤姆叔叔。

第一部全部由黑人表演的有声故事片：米高梅公司的《哈利路亚》（美国，1929），由金·维多导演，丹尼尔·海恩斯主演。

第一部由黑人制片公司拍摄的影片：奥斯卡·米霍公司的《充军》（美国，1931），由奥斯卡·米霍导演，斯坦利·莫雷尔主演。

世界上电影导演生涯最长的导演：法国的阿贝尔·冈斯。他的导演生涯是从影片《堤》（法国，1911）开始，到《拿破仑这个陌生人》（法国，1971）而告终，共计60年。

扮演主角次数最多的女演员：日本的田中绢代（1909～1977）。她从初上银幕的《无禄时代的妇女》（1924）到《大地摇篮曲》（1976）为止，一共拍了241部影片。除了在她电影生涯的一头一尾以外，她扮演了239个主角，还导演了6部影片。

第一个女电影作曲家：印度的贾登·科。她初次作曲是在1935年。

第一个女电影摄影师：罗西娜·查奈利。她

的第一部作品叫《进化论的起因》（巴西，1909）。

世界上第一部水下电影：1914年英国人威廉在一个特制的潜水球里拍摄了巴哈马群岛的海底世界。

“好莱坞”的由来

好莱坞是洛杉矶西北郊一个风景如画的小乡村，背倚绿草如茵的山坡，四季常青，阳光充足，拥有极好的外景拍摄条件。

1905年前后，芝加哥一位百万富翁的阔太太汉德松到此旅游，她为这里迷人的风景所倾倒，联想起一个名叫“好莱坞”的乡村别墅，于是指着面前的山村高兴地连呼“好莱坞”，好莱坞由此得名。

1909年，美国电影先驱之一艾尔·克里斯蒂来到好莱坞建立了第一座电影摄制棚，次年他在这里摄制了第一部无声短片《在古老的加利福尼亚》，随后美国电影大王戴瓦格·里菲斯到好莱坞，拍摄了《一个国家的诞生》、《凋谢的花朵》等影片。

1920年美国大制片商梅特罗·戈德温·迈耶在好莱坞建立了一个庞大的制片公司，各路明星汇聚于此，于是大批美国影片从好莱坞输入世界电影市场，从20世纪30年代起好莱坞演变成为世界电影中心。

“奥斯卡”的得名

在美国，最为著名的电影奖项一是外国记者协会颁发的金球奖，另一项是奥斯卡金像奖。比较而言，金像奖更为人们所津津乐道，因为它是美国电影界的最高荣誉，一旦独占鳌头，便马上身价百倍。

为什么将金像奖命名为“奥斯卡”呢？这还得从金像的设计说起。金像

好莱坞标志

详了金像后，情不自禁地叫道："呀！他看上去真像我的叔叔奥斯卡。"她的叔叔是美国大名鼎鼎的戏剧家奥斯卡·沃尔德，于是，艺术与科学学院的工作人员便称金像为奥斯卡，这个名称也从此闻名全球了。

金像奖

的造型本由米高梅公司的美工师塞德里克·吉木斯构思而成，后由青年雕塑家乔治·斯坦利于1928年完成塑像的制作。这尊金像的主体是一个男人站在一盘电影胶片上，他手中紧握战士的长剑，身长34.5厘米，重3.45公斤，由以铜为主的合金铸成。因塑像呈金色，故称之为金像奖。得名奥斯卡是在1931年颁发金像奖之时，说来也纯属偶然。当年颁奖前夕，评审委员会的成员在一起评议金像，当时的艺术与科学学院的图书馆管理员玛格丽特·赫里奇仔细地端

英国著名女演员费雯丽

费雯丽是英国女电影演员，1913年11月5日生于印度大吉岭，1967年7月8日卒于伦敦。费雯丽原名费雯·玛丽·哈特莱，少女时代接受教会教育，后在法国喜剧院和英国皇家艺术学院学艺。1934年她进入电影界，1935年初次登台，1939年因在《乱世佳人》一片中扮演郝思嘉获得奥斯卡最佳女主角金像奖；1951年，又因在《欲望号街车》中扮演布兰奇·杜博依斯一角第二次获得奥斯卡最佳女主角金像奖；英国电影学院、纽约电影评论会和威尼斯国际电影节也都授予她最佳女演员奖。她一生主演的影片不超过20部，和丈夫L.奥立弗合演过《英伦战火》(1937)、《鸳鸯劫》(即《二十一天》，1939)和《忠魂鹃血》(即《汉密尔顿夫人》，1941)；与好莱坞明星E.泰勒合演过《留英外史》(1938)和《魂断蓝桥》(1940)。她主演的其他影片

费雯丽

如《璇宫艳后》(1945)、《安娜·卡列尼娜》(1948)、《愚人船》(1965)等也颇获好评。

摄影大师纽曼

阿诺德·纽曼，1918年3月3日出生于纽约。他的父亲曾经营旅馆业，纽曼从小就在大西洋城和美亚米海滩的旅馆里生活，整天与南来北往、形形色色的旅客打交道，使得他对各种不同人物的特点发生了浓厚的兴趣，这为他日后成为人像摄影家埋下了根苗。更重要的是，他学会了与人交际的本领，三言两语，便能由生变熟。这套本领在人像摄影中十分有用。纽曼说："不管是什么人，在被人拍照的时候，都会产生一种局促不安之感。作为一个人像摄影师，就要善于和被摄者打成一片，使他们在你的面前，无拘无束，言笑如常。"

纽曼在当童子军的时候就开始学习摄影。他的启蒙老师名叫本·罗斯，是纽约著名的职业摄影师。与此同时，纽曼还爱好美术。他在美亚米大学主要是学习绘画，后来进入费城博物馆办的工艺美术学校学习。重要的是他敢于不断地大胆创新，从不墨守成规。

学业完成以后，纽曼就到照相馆中充当助手，业务十分繁忙，一个普通的工作日就要给六七十位顾客拍照。频繁的实践，使纽曼在摄影和暗房这两方面都打下了扎实的基础。接着，纽曼回到佛罗里达自己开设了一家照相馆。较多的收入使他有条件购买了一台4英寸×5英寸照相机。在业余时间里，纽曼也开始搞一点自己的摄影创作，他的摄影水平日渐提高了。

1941年9月，纽曼和本·罗斯举办了一次联合摄影展，年仅23岁的纽曼所展露出的艺术才能，受到了社会舆论的重视，奠定了他在美国影坛的基础。也是在这一年，他开始为画家、作家、作曲家和舞蹈家拍摄与众不同的肖像作品，这方面的艺术实践又给他带来了更高的声誉。纽曼肖像摄影的独特风格是，善于把主体人物和其所处的周围环境紧密地结合起来。人们因此给纽曼的肖像作品取了一个专用名词，叫做"Enviromentalportraiture"（环境肖像）。

纽曼在选择与人物有关的周围景物时，并不是有什么拍什么。他总是精挑细选，寻找那些最典型的景物，与所要拍摄的人物互相搭配。纽曼给作曲家A.史特拉汶斯基拍照时，只用

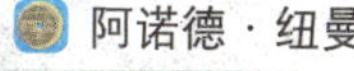
阿诺德·纽曼

了一架钢琴；给现代派舞蹈大师玛莎·格雷厄姆拍照时，更加“节约”，只是象征性地采用了练舞厅里的一条扶手。纽曼肖像作品的第二个特点是画面结构洗练、严谨，具有强烈的形式美和音乐中的节奏感、旋律感。在纽曼的肖像作品中，要想找出一点与主体人物无关的东西是十分困难的，这个特点，得力于纽曼青年时代在美术方面的深厚修养。

纽曼在拍摄照片时，像安排静物似地安排他的人物。为了获得完美和谐的画面结构，他常常绞尽脑汁。他像一个电影导演似的摆布他的拍摄对象，直到获得一种自然而又稳定的表情为止。纽曼不造成即兴式的抓拍，他说：“随手拈来的肖像，只是瞬间的偶然形象，一般说来都缺乏典型性，因此不能经久耐看。”

纽曼的肖像照片的第三个特点是：影纹清晰，反差适宜，层次细腻，技术质量十分高超。其原因之一是：他老是采用4英寸×5英寸、8英寸×10英寸的大型照相机，并习惯于使用f/22以上的小光圈。光圈既小，景深必大，拍出来的影纹自然是一清二楚，毫发不差。底片大，层次就相应地更加丰富，而且也经得住大刀阔斧地剪裁。纽曼是一个“完美主义”者，从拍照开始，一直到冲底片、印样片、剪裁、放大，他都喜欢亲自动手，一气呵成。除了在拍摄之前，精心构思、取影构图十分讲究之外，在印出样片以后，在照片的剪裁上他也很下工夫。在找到了理想的剪裁方案之后，他还亲自钻进暗房，用各种反差的放大纸试放样片，不找出最符合自己要求的反差和影调结构决不罢休。但进入70年代以后，纽曼也开始采用35毫米的单镜头反光小型照相机，因为它便于携带，使用起来顺手，换用镜头也很快捷。目前纽曼80%的肖像都是采用小型照相机拍的。

第八章

体育竞技

Tiyu Jingji

体育竞技运动对我们每个人来说并不陌生，刚刚过去的2008年北京奥运会更让我们中国人民掀起了狂热的运动潮。篮球、排球、乒乓球、羽毛球、国际象棋……这些都是我们平常喜爱的体育竞技运动。接下来的内容将会使你大饱眼福。

篮球运动的起源

篮球

篮球是一种很受欢迎的运动，它是1891年由一个叫奈史密斯的美国人所发明的。当时奈史密斯是美国麻州春田国际青年会训练学校的体育老师，这个学校的体育系主任要求他发明一种冬天能在室内比赛而且能引起学生兴趣的团队运动。于是奈史密斯融合了北美土著印第安人所玩的长曲棍球以及英国人所玩的足球，发明了一种新的室内运动。这种运动不准用棍子，也不能用脚踢，而是由球员把球传来传去，或者在地上拍(运)球，然后投进目标。这个所谓的目标就是两个固定于空中的“篮子”，所以这种运动就被称为“篮球”。最初比赛的时候，每次有人投中篮，球就停在篮子内，必须要有专用捡球员爬上梯子，把球拿下来，很不方便。后来，一种篮底开洞的铁制篮子就取而代之，如此，投进篮内的球就能够自己掉下来。到了1893年，篮圈上开始附上一个网状的袋子，球员投中之后，裁判员就会拉动一条附在网袋上的绳子，使球掉下来。接着篮板也开始采用，这是用来防止看台上的观众在比赛时妨碍球员投球而设的。当时像足球般大的篮球也被较大的球代替。大约到了1913年，无底的篮网才被开始使用。篮球在1936年正式成为奥林匹克运动会的一个运动项目。我国第一次正式比赛篮球是1896年在天津。

排球运动的诞生

排球运动源于美国。1895年，美国一位叫威廉斯·盖·摩尔根的体育工作人员，想把当时已广为流行的网球搬到

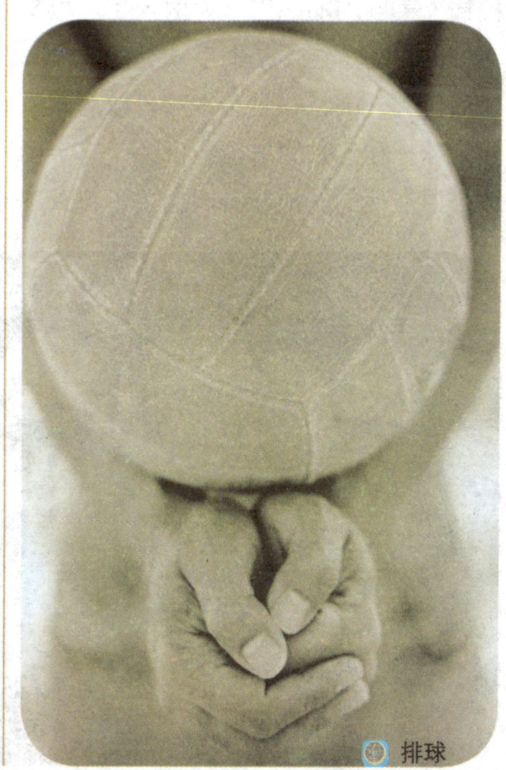

排球

室内，在篮球场上用手来打。但室内篮球场面积较小，网球容易出界，于是他做了某些改进：一是把网球允许球落地后再回击的规则改为不许落地；二是把网球的体积扩大，用篮球胆充气来打。第二年，有位博士将此球命名为“华利波”，意为“空中飞球”。排球传入中国的时间，一说是1905年，一说是1913年。将“华利波”改称“排球”是在1925年3月举行的广东省第9届运动会上，主要取其分排站立之意。在1964年东京举行的第18届奥运会上，首次进行了排球比赛。

羽毛球运动的由来

相传在14世纪末，日本出现了把樱桃插上美丽的羽毛当球，两人用木板来回对打的运动。这便是羽毛球运动的雏形。以后传到外国，19世纪中叶，改为软木制成的球托和穿弦的球拍。1870年，英国一位公爵在他的领地开游园会，不料天不作美，下起雨来，他为了不使客人们扫兴，就改在室内进行羽毛球游戏，结果与会者非常感兴趣。此后，这项运动便风靡英国。1893年，英国14个羽毛球俱乐部组成羽毛球协会。羽毛球运动约于1920年传入我国，解放后，得到迅速发展。60年代我国羽毛球队已跻身于世界强队之林。70年代，国际羽毛球坛是印尼与我国平分秋色。80年代，优势已转向我国，说明我国羽毛球运动已达到世界先进水平。羽毛球在1992年巴塞罗那奥运会上被列为正式比赛项目，设男、女单打和双打4项比赛。

乒乓球的来历

乒乓球运动的产生纯属偶然，是因两个英国青年玩耍引起的。19世纪末，一天，伦敦两个青年人到一家饭馆去吃饭，在等待侍者送饭时，他们感到无聊，便信手将装雪茄的盒盖拿在手中玩，同时又将酒瓶上的软木塞也拔了下来，两人在餐桌上你来我往，相互打过来打过去，结果，他俩玩得竟入了迷，连吃饭都顾不上了。由此，这项餐桌上的游戏很快就演变、发展

羽毛球

成乒乓球赛，并席卷伦敦，一时形成了一股乒乓球热。为了纪念发明国，1926年，第一届世界乒乓球锦标赛在伦敦举行。

国际象棋的由来

国际象棋最早出现在印度。传说早在两千年前，古印度爆发了一场战争，死伤惨重，引起了一个聪明人的设想——用棋盘把恃强好斗的婆罗门贵族、国王和武士们的兴趣引过来，免得人们互相残杀。据记载，公元2~4世纪，在古印度流行过一种叫“恰图兰卡”的棋戏，但是只有战车、象、骑士和步兵四种棋子。后来又经过无数次的演变，终于在15世纪末进化成现在的国际象棋。

国际象棋

世界体育王国

巴西——足球王国。

美国——篮球王国、网球王国、棒球王国。

匈牙利——水球王国。

加拿大——冰球王国。

巴基斯坦——马球王国、曲棍球王国。

日本——柔道王国、钓鱼王国、围棋王国。

保加利亚——举重王国。

澳大利亚——游泳王国。

芬兰——长跑王国。

西班牙——斗牛王国。

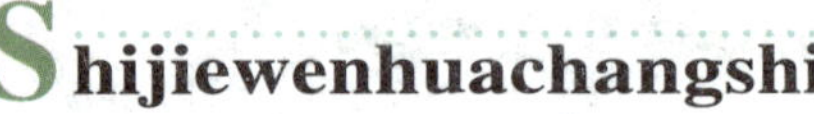

足球比赛的球员位置分布

简单来说，一支足球队的上场队员一般有如下位置：

1.前锋　2.中场　3.后卫　4.守门员

每队上场人数为11人，除去守门员，剩下的10人为场上跑动比赛的主要人物。

现在的打法阵形一般有如下几种:442，433，451，4411，352，361，541，532的配置。还有一些喜欢出奇招怪招的教练偶然会布出一些怪阵，比较少见。

足球

网球的得分方式

为什么网球的得分方式为15分、30分、40分呢？这个问题要追溯到网球运动的起源。

网球是在14世纪起源于法国路易斯王朝时代，在宫廷中举行的“jeudepaume”(意为“用手掌击球的游戏”)。后来在19世纪引进英国，改良在草皮上举行。

因为最原始的网球运动是起源于宫廷之中，所以计分方法就地取材是可以理解的。他们拿可以拨动的时钟来计分，每得一次分就将时钟转动四分之一，也就是15分(一刻钟)，同理，得两次分就将时钟拨至30分，当然一切都是以他们的方便为基础。这就是15分、30分的由来。

至于40分，它比较怪异，它不是15的倍数。这是因为在英文中，15念作“fifteen”，为双音节，而30念作“thirty”，也是双音节;但是45，英文念作“forty-five”，变成了三个音节，当时英国人觉得有点拗口，也不符合“方便”的原则，于是就把它改成同为双音节的40(forty)。这就是看来不合逻辑的40分的由来。

虽然这样的计分方法看来有些奇怪，但还是依循传统沿用至今，毕竟大家都已经习惯了这种来自宫廷的计分方法。

网球

第九章

博物与名胜

Bowu Yu Mingsheng

你喜欢旅游吗？你现在都去过哪些地方了呢？是不是还有很多你一直都向往但还没有去的地方让你的心中有些许的遗憾呢？不必烦恼，本章将带你畅游世界各地的名胜古迹。

世界上形形色色的博物馆

钟表博物馆

在瑞士日内瓦钟表珐琅博物馆，收集并展出了过去5个世纪当中的钟表，博物馆最贵重的藏品是一块镶嵌在一个精美的金质袖扣上的小表，周围还装饰着各种宝石。在莫捷的历史与工艺博物馆则可以看到由博韦·弗勒里耶1968年制造的一块金怀表，这是同一批生产的表中仅存的一块。在圣欧班的城堡博物馆收藏着一座路易十六时期的壁钟。

珐琅钟表

航天博物馆

在美国华盛顿市有一家免费向游人开放的航天航空博物馆，这里有世界上第一架飞机的复制品，有比声速还快6倍的飞机、阿波罗11号、太空登月火箭舱等，这些展品是一部简明、立体的航天航空史。

航天航空博物馆

自然博物馆

英国自然博物馆，位于伦敦的南肯辛顿区。该馆拥有古生物、动物、植物、矿物、人类和生态等方面的标本4000余万种。该馆的现代生命科学陈列厅，展示了人类学和进化论的科学知识。古生物标本展出有鱼龙、蛇颈龙、5米高的霸王龙、身体较小的新颌龙、尾翼达17米的翼龙以及完整的始祖鸟骨骼。现代动物标本展出大量海洋无脊椎动物、鱼类、鸟类及爬行动物。矿物标本展出非洲结晶石、摩洛哥钒铅板状结晶、德国针铁彩虹色钟乳石、法国大理石及各类陨石。

古代世界七大奇迹

古代世界七大奇迹是古代的建筑物和塑像，它们以其规模、美丽或独特的建造方式令人惊奇不已。

古代世界七大奇迹的名册编制于公元前3世纪。按今天的标准，我们或许会认为，这七大奇迹就规模而言并非特别引人注目，但是，它们非凡的美丽和久远的年代仍然受到人们由衷的赞美。

实际上“世界七大奇迹”只包含了西亚、北非和地中海沿岸的古迹，是古代西方人眼中的全部世界。这一地区在古代有过光辉灿烂的文明，公元前，腓尼基旅行家昂蒂帕克总结这一地区的人造景观时，把他认为最伟大的七处称为“世界七大奇迹”，这个提法一直流传到现在。它们是：埃及金字塔、亚历山大灯塔、巴比伦空中花园、阿耳忒弥斯神庙、宙斯神像、摩索拉斯陵墓、罗德斯岛太阳神巨像。现在除了埃及金字塔依旧巍然屹立在沙漠中以外，其他六处都已经湮没在历史的尘埃之中。

金字塔

金字塔是七大奇观中最古老，也是唯一一处保存得相对完整的遗迹，我们至今仍未揭开它的全部秘密。

建造时间：大约公元前2700年～公元前2500年

建造地点：埃及开罗附近的吉萨高原

相传，古埃及第三王朝之前，无论王公大臣还是老百姓死后，都被葬入一种用泥砖建成的长方形的坟墓，古代埃及人叫它马斯塔巴。后来，有个聪明的年轻人叫伊姆荷太普，在给埃及法老左塞王设计坟墓时，发明了一种新的建筑方法。他用呈方形的石块来代替泥砖，并不断修改修建陵墓的设计方案，最终建成一个六级的梯形金字塔，这就是我们现在所看到的金字塔的雏形。在古代埃及文中，因金字塔是梯形分层的，所以被称做层级金字塔。这是一种高大的角锥体建筑物，底座四方形，每个侧面是三角形，样子就像汉字的“金”字，所以我

金字塔

们叫它金字塔；伊姆荷太普设计的塔式陵墓是埃及历史上的第一座石质陵墓。

亚历山大灯塔

遵照亚历山大大帝(马其顿国王)的命令，亚历山大城的法罗斯灯塔于公元前300年建在一座人工岛上，它至少有122米高，用闪光的白色石灰石或大理石建成。

亚历山大灯塔

建造时间：大约公元前300年

建造地点：埃及亚历山大港

当亚历山大灯塔建成后，它的高度当之无愧地使它成为当时世界上最高的建筑物。他的设计者是希腊的建筑师索斯查图斯。一位阿拉伯旅行家在他的笔记中这样记载着：灯塔是建筑在三层台阶之上，在它的顶端，白天用一面镜子反射日光，晚上用火光引导船只。1500年来，亚历山大灯塔一直在暗夜中为水手们指引进港的路线。它也是六大奇迹中最晚消失的一个，14世纪的大地震彻底摧毁了它。

巴比伦空中花园

空中花园是新巴比伦国王尼布甲尼撒二世在公元前600年左右建造的。见过巴比伦空中花园的作家们都将它描述为一座层叠的平台建筑，每一层上种植了棕榈和其他树木。

建造时间：大约公元前600年

建造地点：巴比伦，现在的伊拉克巴格达附近

这座神话般的建筑是尼布甲尼撒二世为他的一个妃子修建的，大约120米见方，高出地面20多米。据说它要由奴隶们转动机械装置从下面的幼发拉底河里抽上大量的水来灌溉花园里的花草。

巴比伦空中花园最令人称奇的地方是那个供水系统，因为巴比伦雨水不多，而空中花园的遗址相信亦远离幼发拉底河，所以研究人员认为空中花园应有不少输水设备，

巴比伦空中花园

奴隶不停地推动连系着齿轮的把手，把地下水运到最高一层的储水池，再经人工河流返回地面。另一个难题是在保养方面，因为一般的建筑物要长年抵受河水的侵蚀而不塌下是不可能的。由于美索不达米亚平原没有太多石块，因此研究人员相信空中花园所用的砖块是与众不同的，它们被加入了芦苇、沥青及瓦，更有文献指出石块被加入了一层铅，以防止河水渗入地基。

阿耳忒弥斯神庙

土耳其以弗所古代王国吕底亚的国王克罗伊斯所建造。神庙里供奉着生育和多产女神阿耳忒弥斯。公元前356年神庙被烧毁。

建造时间:大约公元前550年

建造地点:希腊城邦埃斐索斯，现在的土耳其西海岸

神庙建筑以大理石为基础，上面覆盖着木制屋顶。整个建筑的设计师是Chersiphron父子，它最大的特色是内部有两排，至少106根立柱，每根大约12米～18米高。神庙的底座约为60米×120米。原庙毁于公元前356年的大火，在原址后建起的庙于公元262年再遭火难。

阿耳忒弥斯神殿曾经历过七次重建，首座阿耳忒弥斯神庙于公元前550年由建筑师Samos、Chersiphron及他的儿子Metagenes设计，以爱奥尼亚柱式大理石柱支撑的建筑是首座全部由大理石建成的当时最大的建筑物。整座建筑物均由当时著名的艺术家以铜、银、黄金及象牙浮雕装饰，在中央的U形祭坛摆放着阿耳忒弥斯女神的雕像，供人膜拜。后来在公元前356年，神苗为大火及侵略所毁，其后的重建，大理石柱长度增至21.7米，并且多了十三级阶梯围绕在旁边。最后，由于爱菲索斯人转信基督教，神庙在公元401年被摧毁后，从此永远在世界上消失了。

阿耳忒弥斯神庙

宙斯神像

奥林匹斯山的宙斯神像是古希腊雕刻家菲迪亚斯的杰作。他用象牙来制作宙斯神像的躯体，用黄金制成宙斯神像的长袍。

建造时间:大约公元前457年

建造地点:希腊奥林

宙斯神像

匹亚城

宙斯是希腊众神之神，为表崇拜而兴建的宙斯神像是当时世上最大的室内雕像，宙斯神像所在的宙斯神殿则是奥林匹克运动会的发源地希腊奥林匹亚城，第一个奥林匹克运动会(公元前776年)就是在此地举办的。

神殿是以表面为灰泥的石灰岩建成，殿顶则使用大理石，神殿共由三十四个科林斯式支柱支撑着，神殿的面积为41.1米×107.75米，宙斯神殿是多利斯式的建筑，整座神像及他穿的长袍都是由黄金制成，他头戴橄榄枝编织的环，右手握着由象牙及黄金制成的胜利女神像，左手拿着一把镶有闪烁耀眼金属的权杖，上面有一只鹰停留着，而他所坐的宝座则以狮身人面像、胜利女神及神话人物装饰，不包括宝座，仅神像就相当于四层高的现代楼宇，使坐在宝座上的宙斯的头部差不多顶着神殿顶。位于奥林匹亚的神殿于公元5年被大火摧毁。宙斯神像虽然因被运到君士坦丁堡而幸免于难，可是最终亦难逃厄运，于公元462年被大火烧毁。

摩索拉斯陵墓

据说，哈利卡纳苏斯的摩索拉斯陵墓约45米高，底座上部呈阶梯形的金字塔状，卡里亚王国摩索拉斯国王的塑像可能矗立在顶端。陵墓毁于公元3世纪的一次地震中。

建造时间：大约公元前353年

建造地点：现在的土耳其西南地区

这座伟大的白色大理石陵墓是为摩索拉斯和他的妻子修建的。整座建筑由两名希腊设计

摩索拉斯陵墓

师设计，外面装饰以奇异的雕刻花纹。甫一建成就声名远播，公元3世纪初毁于大地震。现在伦敦大英博物馆还收藏有一点剩余的雕刻。

摩索拉斯陵墓建造在哈利卡纳苏斯，底部建筑为长方形，面积是40×30平方米，高45米，其中墩座墙高20米，柱高12米，金字塔高7米，最顶部的马车雕像高6米，建筑物被墩座墙围住，旁边以石像作装饰。顶部的雕像是四匹马拉着一架古代双轮战车。

罗德斯岛太阳神巨像

这座巨像建在罗德斯港口的入口处。它是希腊太阳神赫利俄斯的青铜铸像，高约33米。巨像铸造完工后过了56年，毁于公元前226年的一次地震中。

建造时间：公元前282年完工

建造地点：爱琴海，希腊罗德斯港

罗德斯岛巨像位于希腊罗德斯岛通往地中海的港口。公元前的罗德斯岛是重要的商务中心，它位于爱琴海和地中海的交界处，罗德斯港于公元前408年建成。历史上罗德斯岛曾经被许多势力范围统治过，其中包括摩索拉斯（他的陵墓也是七大奇迹之一）和亚历山大大帝。但在亚历山大大帝归天之后，全岛又陷入了长时间的战争。马其顿侵略者德米特里带领四万军队（这已超过了整个岛上的人口）包围了港口。经过艰苦的战争，罗德斯岛人击败了侵略者。为了庆祝这次胜利，他们决定用敌人遗弃的青铜兵器修建一座雕像。雕像修筑了12年，高约33米，雕像是中空的，里面用复杂的石头和铁的支柱加固。但这个伟大的雕像建成仅仅50多年后就被强烈的地震毁坏了。传说中雕像两腿分开站在港口上，船只是从腿中间过去，非常壮观而有趣。

罗德斯岛太阳神巨像

奥运圣地——希腊奥林匹亚遗址

提起奥运会，人们不能不提到古代奥林匹克竞技会，而提起古代奥林匹克竞技会，我们自然会想到它的发源地——那神圣的奥林匹亚。

位于欧洲南部巴尔干半岛上的古希腊，孕育了欧洲最古老的文明。半岛充满生机的自然环境，使古希腊人形成了爱美和爱好运动竞技的传统，对后世产生了极大的影响。

奥林匹亚

古希腊最早的奴隶制国家出现于公元前200年的克里特岛，克里特人在古代东方文化的影响下创造了自己的文化。其中包括舞蹈、斗牛、拳击和摔跤等。城邦经济文化的繁荣和城邦间的复杂竞争，带来了古希腊体育的繁荣，战车赛、站立式跤、拳斗、赛跑、标枪、铁饼、跳跃、格斗、射箭等成为了古希腊人最常见的运动形式。斯巴达和雅典先后成为繁荣时期希腊体育的代表。而也就在这一过程中，孕育、产生了许多地方性或全希腊的运动会，其中影响较大的就是诞生于奥林匹亚的奥林匹克竞技会。这一历时293届的竞技会，长达1169年，为人类留下了宝贵的文化遗产。但随着竞技会的消亡，古代希腊体育的辉煌也慢慢地从人们的记忆中消失了，奥林匹亚也就成为爱好体育的人们最崇敬的圣地。

奥林匹亚位于希腊伯罗奔尼撒半岛西部的皮尔戈斯之东、阿尔费夫斯河与克拉泽夫斯河汇流处，距雅典370公里。从18世纪开始，一批又一批的学者接连不断地来到这里考察和寻找古代奥林匹克竞技会的遗迹。1766年，英国人钱德勒首次发现了宙斯神庙的遗址。此后，经过大批德国、法国、英国的考古学家、史学家们对奥林匹亚遗址系统地、大规模地勘查、发掘，至1881年取得了大量有关古代奥林匹克竞技会的珍贵文物和史料。1936年第11届奥运会后，因有部分余款，国际奥委会决定用这笔款项继续对奥林匹亚遗址进行发掘，发现并复原了体育场。

英国唐宁街10号

这是一处历史建筑，也是世界上最著名的办公室；这是世人皆知的英国政府象征，也是英国首相及其家人的住所。

透过巷口的安全防护栅栏看去，这座乔治时代的建筑朴实无华。建筑前部和那著名的黑色前门显得如此狭小，仿佛容纳不下那么多角色；实际上，里面却藏着无处不在的国家机构办公室，每天接待各国政要来访，举行关乎国计民生的日常会议。这里，就是伦敦的唐宁街10号。

这座古老的建筑至今已有270年历史，自1735年罗伯特沃波尔爵士开始在此居住时起，它就成为首相官邸，自此以后，更成为50多位首相的家园。10号的前门是一扇黑色铁门，门上有威武的狮头浮雕，衔着门环。门旁的邮箱上留着镌刻于1760年的字样“首席财政大臣”。10号有两扇一模一样的前门，这样，如果其中一扇需要油漆，也不会破坏它的传统景观和日常功用。有趣的是首相本人并没有唐宁街10号的大门钥匙。门口日夜有人值班，随时为主人开门。

走进前门，你就会一一欣赏到它铺着黑白相间格子的大理石的门厅，只有悬臂吊挂的主楼梯，沿楼梯墙壁展示的历任首相的黑白照片，每周四上午召开内阁会议摆放的船形会议桌，以双重防音门与房子其他部分相隔的内阁会议室，丘吉尔夫人最爱的白屋，当年造价昂贵、豪华奢侈以至于其主人不得不在众议院为其辩护的国宴厅，传说有身穿长裙、颈间佩戴珍珠项链的女鬼游荡其间的柱厅，烟道埋在窗户两边墙壁中的小餐厅壁炉……

唐宁街10号除了是政府的神经中枢以外，学生和游人也都有机会进去看上一看。它不仅凭借身份尊贵的房客蜚声海外，还拥有很多举世无双，能够反映英国传统文化、艺术、工艺技巧的收藏品，而且它本身就是一座建筑艺术的小型博物馆。唐宁街

唐宁街10号

10号的确是不容错过的伦敦众多名胜之一，而当你穿梭于它众多的房间之中时，又别有一番滋味在心头。

天然博物馆——庞贝古城

庞贝古城建于公元前8世纪，曾是古罗马帝国的重要行政中心。公元79年8月24日，意想不到的灾难降临了。下午1时许，维苏威火山顶出现了一片奇特的云团，并向四周扩散，整个天空漆黑一片。随后是震耳欲聋的爆炸声，紧接着山顶又喷出了浓浓的带有硫磺气味的烟云，一会儿又冒出带有气泡的炽热的岩浆。之后，大量的泥石流在48小时之内，将整个庞贝城吞没。从挖掘出的古迹可以看出，维苏威火山爆发时，庞贝城丝毫没有准备，甚至炉内烤好的面包，橱内的熟鸡蛋，瓦罐内的蚕豆、小麦都历历可辨。惊慌逃离的人们倒毙在街道上、屋门口，发现的被火山砾烧焦的人体约2000具，各自显露出人们顷刻死于非命时挣扎的恐怖神态。

庞贝古城

进入庞贝城遗址后，人们容易发现街道石铺路上由马车轮深深嵌下的辙印。古城四周有长达3公里的城墙，设有8个城门。当时庞贝城仅距海500米，所以靠近海边有港口。城西的商业区是古城政治、经济和宗教中心。市区共分为9个区，第1、2区在南部，这一带有著名的露天剧场；第3、4、5、9区在东北部，属尚待开发地区；第6、7、8区均靠西部，6区在西北，8区在西南，7区在6区和8区之间，这3个区属市内繁华地带，大小剧院在第8区。庞贝城参观的主要景点有：

庞贝古城遗址

1.古董博物馆。展出的内容有：公元前8世纪～公元前5世纪庞贝人家中使用的器物和饰品以及用石膏复制的在灾害中受难者的尸体。

2.大小戏院及露天剧场。

3.著名人物住家和别墅。

维苏威火山吞没了庞贝古城，使无数生灵葬身火海，但它却把1900年前的庞贝城原封不动地留了下来，给人们提供了极其珍贵、完整的文物资料，庞贝古城是一座罕见的天然博物馆。

不倒的比萨斜塔

比萨斜塔坐落在意大利古城比萨大教堂的广场上，1173年建筑师博纳诺·皮萨诺开始建造。当建到第3层时，塔身开始倾斜，博纳诺·皮萨诺只得把工程停了下来。94年后，建筑师焦旺尼·迪·西蒙内恢复建塔，他试图将倾斜的塔身调直，可是没有成功。由于迪·西蒙内死于1284年的战争中，建塔工程再度搁置。直到1350年，该塔才由建筑师托马索·皮萨诺最后完成。竣工时，因塔顶中心点已偏离垂直中心线2.1米，所以被人们称为“斜塔”。600多年来，塔身继续缓慢地向南倾斜。据自1911年以来的系统测量表明，它平均每年向南倾斜大约1毫米。如今，塔顶已南斜5.3米，斜度为5度6分。

比萨斜塔

塔身为什么倾斜？根据地下钻探的土样，已查明塔基下面地表至10米深度是混砂层，由10米至40米是含很多结合水的黏土层，再往下是含自由水的砂层。这层黏土层在建筑物的压力作用下，部分结合水就会被挤出来，跑到下面的砂层中去，造成黏土层的压缩和沉降，使塔倾斜。当下面砂层自由水被人为地抽汲而造成压力下降时，这种黏土层的压缩和沉降还会大大地加速，引起斜塔的倾斜速度加快。据测定，在从砂层中抽汲地下水的时期，斜塔的倾斜速度曾增至每年2毫米，比以前加快了约一倍。后来，人们发现了这个问题，停止抽汲砂层中的地下水，斜塔的倾斜速度才恢复原来的数值。

这座塔为什么向南倾斜？据比萨大学一位老教授的解释说，可

能是太阳的影响。因为意大利是在北半球，南面的大理石受日照强，热胀冷缩产生的力对下面的土层起着不间断的冲击作用，所以向南倾斜。另外，斜塔是在比萨城北部，原来城内蒙林取地下水的位置在它南面，南部地面沉降也可能造成塔身加速南倾。

眼下，塔顶中心点偏离垂直中心线已超过5米。不过，按照目前的倾斜速度，比萨斜塔在未来的200年内还不会倒塌。这是因为从它的重心引下的竖直线并没有越出它的底面的缘故。

白宫

白宫是美国总统府所在地，坐落在首都华盛顿中心区宾夕法尼亚大街1600号。这是一栋别具匠心的建筑，建于1792年，1800年建成。是根据18世纪末英国乡间别墅风格设计的，全部采用石灰石建成，外涂白色油漆，故称白宫。

1814年，白宫曾遭英国军队焚毁，破坏惨重。此后进行了多次修建、扩建，最后经过1950年进行的一次大修缮，才形成目前的规模。

白宫占地面积7.3万平方米，主楼高26米，宽52米，共计3层，有东西翼楼，共有130多个房间。

底层有外交接待大厅、图书室、瓷器厅、金银器厅和白宫管理人员办公室等。外交接待大厅是总统接待外国元首和使节的地方，陈设名贵而华丽，多古董、古玩，厅内挂有一幅作于1834年描绘美国景色的环行油画。图书室藏有两千余册图书，有各种版本的现代地图集和一幅名贵的18世纪绘制的地图。金银器厅陈列各种精致的英、法式镀金银制餐具和镶金银器。瓷器厅收藏了历届总统用过的瓷制餐具，其中有一套从中国进口的瓷器。

主楼一层的北面是白宫的正门，进门后是大理石结构的门厅，依次是东大厅、绿厅、蓝厅、红厅和国宴厅。

主楼二层为总统家庭居住的地方，主要有林肯卧室、皇后卧室、条约厅、地图室和总统夫人起居室黄色椭圆厅等。

白宫西厢房由西奥多·罗斯福总统主持，于

白宫

1902年建成；东厢房由富兰克林·罗斯福总统主持，于1941年建成。

白宫底层外交接待大厅的正前方，是有名的南草坪，白宫坐南朝北，因此这里也是白宫的后院，通称总统花园。国宾来访时，在南草坪举行正式欢迎仪式。每年春天复活节时，总统和夫人照例在这里举行游园会，这一白宫传统，至今已有100余年的历史了。

白宫规定每星期二到星期六对外开放，虽然只有10余个房间供游人参观，但毕竟是世界上唯一定期向公众开放的国家元首的官邸，每年参观的人数达200万人。

莫斯科红场

红场位于莫斯科市中心，其知名度可以与天安门广场媲美。红场长695米，宽130米，面积9.1万平方米，大约只有天安门广场的1/5。红场的地面很独特，全部由条石铺成，显得古老而神圣。

红场是俄罗斯的象征，于15世纪建成。那时候，在克里姆林宫东墙外面曾经是破层烂棚的地方，形成了一片广场。到了15世纪末，这个广场成了一个非常热闹的贸易中心，当时它被人们称做大市场。红场原名是“托尔格”，意为“集市”。从那时候起，广场的名称和面貌不止一次地变过来改过去，到了1662年它才开始被叫做红场。在古俄语里“红色”一词还有“美丽”、“主要”的意思。

红场上的建筑群是在数百年的时间里逐渐形成的。红场的历史与俄国的历史有着密不可分的联系，红场上的每一座建筑物都与某个重大历史事件有联系。

红场

克里姆林宫

克里姆林宫

莫斯科克里姆林宫位于俄罗斯首都的最中心。它那高大坚固的围墙和钟楼、金顶的教堂、古老的楼阁和宫殿，耸立在莫斯科河畔的博罗维茨基山冈上，构成了一组无比美丽而雄伟的艺术建筑群。它已经被联合国教科文组织列为世界文化和自然保护遗产。

克里姆林宫是俄罗斯国家的象征，是世界上最大的建筑群之一，是历史瑰宝、文化和艺术古迹的宝库。

11世纪和12世纪之交，在博罗维茨基山冈上出现了一个斯拉夫居民点，这便是克里姆林宫的雏形。到15世纪末，克里姆林宫成了国家政权和宗教权力的所在地。18～19世纪，首都迁到圣彼得堡后，莫斯科依然发挥着京都的作用。1918年，莫斯科重新成为首都，克里姆林宫则成了最高权力机关的工作地点。如今，俄罗斯联邦总统的官邸就在克里姆林宫。

克里姆林宫建筑群是在数个世纪中形成的。到17世纪末，克里姆林宫成了布局发达，广场、街巷、花园密布的一座城市。

18～19世纪期间，克里姆林宫实施了大规模的重建。雄伟的宫殿和行政大楼代替了许多中世纪的建筑物。它们大大改变了古老的克里姆林宫的面貌，但是克里姆林宫保留了自己的独特性和民族特点。

畅游克里姆林宫，可以参观兵器馆这样的珍宝博物馆，欣赏恢弘的古教堂广场及其蜚声国内外的教堂，游览圣母升天大教堂、天使长大教堂和圣母领报大教堂、法衣置放教堂、大牧首宅邸，观看圣母升天钟楼中的展品。

伊万诺夫广场上可以见到铸造艺术的大作——炮王和钟王。在参议院广场可以见到彼得大帝时期的莫斯科稀有的建筑物军械局大楼以及著名的马·费·卡扎科夫的杰作之一参政院。军械局旁摆放着古罗斯的大炮和1812年卫国战争时缴获的大炮。皇宫广场上是大克里姆林宫建筑群，这是19世纪俄国皇帝的官邸。

世界最有名的陵墓

泰姬陵是全印度乃至世界最有名的陵墓，被世人称为人间建筑的奇迹。它位于印度北方邦阿格拉城近郊亚穆纳河南岸，从印度首都新德里乘火车3小时可到达。

莫卧儿王朝皇帝沙杰汗的爱妃蒙泰吉·马哈尔娇艳美丽，才华过人，在随同沙杰汗出巡的途中不幸去世，时年39岁。为纪念与之形影不离的爱妃，沙杰汗征调2万多名民工建造了这座陵墓。

泰姬陵始建于1632年，到1653年才完工，工期长达22年之久。陵区南北长580米，宽305米，中间是一个美丽的正方形花园。花园中间是一个大理石水池，水池尽头是陵墓。陵墓全部用洁白的大理石砌成，在清澈的水池中形成无比圣洁的倒影。陵墓的平台是红砂石，与白色大理石陵墓形成鲜明的色调对比。陵墓中央覆盖着一个直径达17米的穹窿，高耸而又饱满，以天空为背景，构成壮美净洁的轮廓。陵墓四角各有一座高达41米的尖塔。陵墓两侧的配套建筑为清真寺，式样完全相同。墓穴为地下穹形宫殿，白色大理石墙上镶嵌着宝石。

泰姬陵

泰姬陵宏伟瑰丽。凌晨或傍晚是观赏泰姬陵的最佳时刻，此时的泰姬陵显现出无比的纯洁、静穆和优美。

伦敦塔桥

从英格兰东南角的泰晤士河出海口乘船逆水上行，可以在大伦敦区的泰晤士河段上见到32座桥梁，其中最壮丽的一座就是位于伦敦东区的塔桥（TowerBridge），一个多世纪以来，它已成为伦敦的象征。

塔桥创建于1886年维多利亚女王时代，泰晤士河穿过伦敦，将都市分成南、北两区，桥梁自然成为伦敦居民南来北往必经的通道。维多利亚女王时代，由于西区既有的少数桥梁已无法疏解市区日增的人车流量，同时东

伦敦塔桥

塔桥的上层设有一个行人通道，以便下层桥面张开时行人仍可通行，但由于利用率不大，已从1900年起关闭。

1976年起，为开阖塔桥提供动力的蒸汽锅炉被油与电力驱动的机器取代，这些蒸汽锅炉被陈列在塔内的展览室，供游客购票参观。

塔桥被公认为是欣赏伦敦市景与泰晤士河风光的最佳地点，管理单位以此作为号召，在塔内辟出三个场地，出租供人举行婚礼、生日派对、酒会以及公司行号的促销活动，最主要的餐厅可容纳40人。

区也已成为繁忙的河港，因此有必要在泰晤士河上另建一座桥梁，供行人与车辆通行，而且不阻碍船只通航。

1884年，当时管理东区河段的伦敦公司从公开征求的50个桥梁蓝图中，选中了琼斯与巴瑞的设计图。工程于1886年开始，经过8年完成，其间最艰巨的任务就是在施工期间必须保持河道航运的通畅。于1894年6月30日启用的塔桥，看上去像是一座石桥，其实它的主要结构是由14000吨钢铁所建造，桥的外表覆盖了康瓦尔的花岗石和波特兰特所产的石材。这是因为最初设计时确立了一个原则：新的桥梁必须融入周遭的环境，以便和相邻的旧有王宫“伦敦塔”的石头城堡保持和谐。

塔桥全长268米，可供汽车与行人通行。两座塔高度42米，若从桥的基础算起，则高为89米，两塔之间的距离为60米。桥面可以升起，从中分开呈八字形，供高桅杆的船只通行。根据统计，在最初通航的一个月内，塔桥共开阖655次，这说明了泰晤士河在昔日大英帝国时代的繁荣景象，然而现在航运已经没落，塔桥每月开阖大约仅20次。

白金汉宫

白金汉宫坐落在伦敦泰晤士河畔威斯敏斯特区，位于圣詹姆斯公园西端，因1703年由白金汉公爵建造而得名。后被英国王室购得，曾一度作为帝国纪念堂、美术陈列馆、办公室和藏金库，直至1825年改建成王宫后，便一直是英国王室的官邸，集合办公与居家功能。英国王室是世界上仅存的数个王室之一，虽然王室的社会功能在日趋递减，但王室文化作为旅游项目却吸引了众多的世界游客。

1703年，安妮女王把此地赏给了白金汉公爵。1762年，乔治三世将公爵宅邸买下，作为王后的宫殿。1825年，乔治四世将其改作王宫，自此，白金汉宫便成了皇室的家。第一位真正入住白金汉宫的君主是维多利亚女王。如今，英国女王和王室成员以及王室工作人员仍旧住在白金汉宫。白金汉宫是一座四层楼的正方形建筑物，宫内有典礼厅、音乐厅、宴会厅、画廊等600余间厅室。白金汉宫正门前的广场中心建有维多利亚女王纪念碑，雕刻有女王像。西侧为占地16万平方米的御花园，是王室举行招待会的地方，也是接待外宾及国家举行多项庆典仪式的地方。白金汉宫可以说是英国皇室的最高象征。

1992年11月，英国王室的另一王宫——温莎堡发生火灾，为补偿修复所需的巨额开支，女王于1993年春宣布，白金汉宫于8月7日～9月30日正式对国内外游客开放，并作为惯例，此后每年8月～9月都对外开放。但是，白金汉宫仅有三处地方可供游人参观，一是每天上午11时30分在王宫前举行的皇家卫队换岗仪式；二是王宫南侧的女王美术馆；三是皇家马厩。其他地方则不对外开放。

法国巴黎凯旋门

1836年7月29日，法国巴黎凯旋门建成。

巴黎凯旋门坐落在巴黎市中心夏尔·戴高乐广场(又称星形广场)中央，是拿破仑为纪念他在奥斯特利茨战役中大败奥俄联军的功绩，于1806年2月下

白金汉宫

旬兴建的。它是欧洲100多座凯旋门中最大的一座。

凯旋门

巴黎凯旋门高约50米，宽约45米，厚约22米。四面各有一门，中心拱门宽14.6米。门上有许多精美的雕刻，内壁刻的是曾经跟随拿破仑东征西讨的数百名将军的名字和宣扬拿破仑赫赫战功的上百个胜利战役的浮雕。外墙上刻有取材于1792年～1815年间法国战史的巨幅雕像。所有雕像各具特色，同门楣上的花饰浮雕构成一个有机的整体，俨然是一件精美动人的艺术品。这其中最吸引人的是刻在右侧(面向田园大街)石柱上的“1792年志愿军出发远征”，即著名的《马赛曲》的浮雕，是世界美术史上占有重要的一席之地的不朽艺术杰作。

1920年11月，在凯旋门的下方建造了一座无名烈士墓。墓是平的，里面埋葬的是在第一次世界大战中牺牲的一位无名战士，他代表着在大战中死难的150万法国官兵。

凯旋门内设有电梯，可直达50米高的拱门。人们亦可沿着273级螺旋形石梯拾级而上。上去后可以看到一座小型的历史博物馆。馆内陈列着许多有关凯旋门建筑史的图片和历史文件，以及介绍法国历史上伟大人物拿破仑生平事迹的图片和558位随拿破仑征战的将军的名字。另外设有两间配有英法两种语言解说的电影放映室，专门放映一些反映巴黎历史变迁的资料片。在博物馆的顶部是一个平台，游人们从这里可以远眺巴黎，鸟瞰巴黎圣母院、协和广场的卢克索方尖碑、雄伟的埃菲尔铁塔和圣心教堂等巴黎名胜。俯视凯旋门下由环形大街向四面八方伸展出的十二条放射状的林荫大道，这些大道就像一颗明星放射出的灿烂光芒，因而，凯旋门又称“星门”。十二条大道中，最著名的为香榭丽舍大道、格兰德大道、阿尔美大道、福熙大道等。

现在，每逢节日，就有一面10多米长的法国国旗从拱门顶端垂下来，在无名烈士墓上空迎空飘扬。逢重大节日时，则有一名身着拿破仑时代戎装的战士，手持劈刀，守卫在《马赛曲》雕像前。每年的7月14日，法国举国欢度国庆时，法国总统都要从凯旋门通过；每位总统在其卸职的最后一天也要来此，向无名烈士墓献上一束鲜花。而凯旋门最奇特之处，据说是每当拿破仑周年忌日的黄昏，从香榭丽舍大道向西望去，一团落日恰好映在凯旋门的拱形圈里。

埃菲尔铁塔

埃菲尔铁塔是现代巴黎的标志，更是鸟瞰巴黎最好的地方，它是为纪念1889年万国博览会而兴建的一座铁塔，被誉为“巴黎贵妇”。如今它虽已过百岁高龄，但依旧风韵盎然。它是位于法国巴黎战神广场上的露空结构铁塔，高320米。埃菲尔铁塔得名于它的设计师桥梁工程师居斯塔夫·埃菲尔。铁塔设计独特，是世界建筑史上的技术杰作，因而成为法国和巴黎的一个重要景点和突出标志。

埃菲尔铁塔

埃菲尔铁塔分为三层，从塔座到塔顶共有1711级阶梯，分别在离地面57米、115米和276米处建有平台。据说，该塔共用去钢铁7000吨，由12000个金属部件、250万只铆钉相连起来。

1889年5月15日，为给世界博览会开幕式剪彩，铁塔的设计师居斯塔夫·埃菲尔亲手将法国国旗升上铁塔的300米高空，因此，人们为了纪念他对法国和巴黎的这一贡献，特别还在塔下为他塑造了一座半身铜像。

巴黎歌剧院

19世纪中叶以后，资本主义社会发展很快，资产阶级已不再是为自由主义而战的斗士，他们的心现在只为钱跳动，连文化和建筑也成了商品。于是，以抄袭、拼凑、堆砌为能事的折衷主义创作手法占了统治地位。

其中，比较重要的是巴黎歌剧院。它的立面的构图骨架是鲁佛尔宫东廊的样式，但加上了巴洛克装饰。观众厅的顶装饰得像一枚皇冠，门厅和休息厅尤其富丽，满是巴洛克式的雕塑、挂灯、绘画等，豪华得像是一个首饰盒，装满了珠宝钻翠。它的楼梯厅设有三折楼梯，构图非常饱满，是建

巴黎歌剧院

计堪称装饰、色彩主义的典范，曾在当时豪华奢侈的社交界引起轰动。

筑艺术的中心，也是交通的枢纽。

对于从前巴黎歌剧院的演出节目，瑞士人卢梭有感于女高音歌手演唱时那种尖锐刺耳的歌声，曾发出这样的慨叹：“总的来说，法国人在整个欧洲各国中，是一个最缺乏音乐素质的民族。”莫扎特在给他的父亲的信中，也这样评价当时的歌手：“他们不是在唱歌，而是在呼喊，在吼叫。而且是从鼻子、从喉咙及所有能够发声的地方发音。”对于当时的贵族来说，去巴黎歌剧院的目的，并不是为了看歌剧本身，而是为了看豪华的舞台装置和艳丽的服装以及凑在一起聊天。

具有现在规模和性质的歌剧院，是打那以后一个世纪的事。因为这是一个非常典雅和讲究的地方，因此，政府公开向社会征集新的设计方案，从171个方案中选中了夏尔·加尼埃的。经过14年的修建，1875年整个工程完工。整个设

游客登上入口前的石阶，进得门来，右边是售票处、导游所、出售有关歌剧和芭蕾方面书籍的店铺。再折回到中央来，沿着宽广的大理石台阶一步步走下去，有“美丽之泉”，还有会客用的圆形大厅。

上得台阶，是面对广场的宽大的休息室，它的前面是具有威尼斯风格的圆形色块玻璃顶棚的茶室以及用哥白林织成的8张挂毯的展室。在这里人人都是鲜衣锦服，在巨大的中央烛台底下，身着漂亮服饰的绅士淑女们在幕间休息或聊天时就像朵朵鲜花。剧场内还有沙加尔的彩绘顶棚画。游客虽不能进到贵宾休息室，但可以从包厢里面俯视内部的情景。

1939年，歌剧院改为国营。1989年巴士底新剧院建成后，老歌剧院的演出节目就以芭蕾为主了。自1994年夏天起到1996年春天止的修复工程也终于结束了。在这期间，曾在巴士底剧院举行的

芭蕾演出，现在也再次回到了加尼埃的剧院。

凡尔赛宫

凡尔赛宫（Versailles）位于巴黎西南18公里的凡尔赛，驰名世界，是人类艺术宝库中的一颗绚丽灿烂的明珠。

凡尔赛宫原是一个小村落，是路易十三1624年在凡尔赛树林中造的狩猎宫，1661年由路易十四改造成一座豪华的王宫。凡尔赛宫是著名建筑师勒·沃·哈尔都安和勒·诺特尔精心设计的，该宫于1689年全部竣工，至今已有300多年历史。全宫占地111万平方米，宫殿气势磅礴，布局严密、协调。正宫为东西走向，两端与南宫和北宫相衔接，形成对称的几何图案。宫顶建筑摒弃了巴罗克的圆顶和法国传统有尖顶建筑风格，采用了平顶形式，显得端正而雄浑。宫殿外壁上端林立着大理石人物雕像，造型优美，栩栩如生。

凡尔赛宫的外观宏伟、壮观，内部陈设和装潢更富于艺术魅力。500多间大殿小厅处处金碧辉煌，豪华非凡。内壁装饰以雕刻、巨幅油画及挂毯为主，配有17~18世纪造型超绝、工艺精湛的家具。宫内还陈放着来自世界各地的珍贵艺术品，其中有远涉重洋而来的中国古代的精美瓷器。

正宫前面是一座风格独特的法兰西式大花园。近处是两池碧波，沿池而塑的铜雕，丰姿多态，美不胜收。

1789年路易十六当权时，凡尔赛宫的富丽堂皇、奢侈豪华，达到了登峰造极、无以复加的地步，终于引起人民的愤慨。大革命期间，凡尔赛宫几乎被荒废。直至1837年，路易·菲利浦才重新修理，把它改为法兰西历史博物馆，展出美术、雕刻等艺术品。

19世纪下半叶，凡尔赛宫又成为全世界瞩目的政治中心。1870年，普鲁士军队占领凡尔赛，第二年德皇在此举行加冕典礼。同年，梯也尔政府盘踞在凡尔赛宫，策划了镇压巴黎公社的血腥计划。1871年~1878年，法国国民

凡尔赛宫

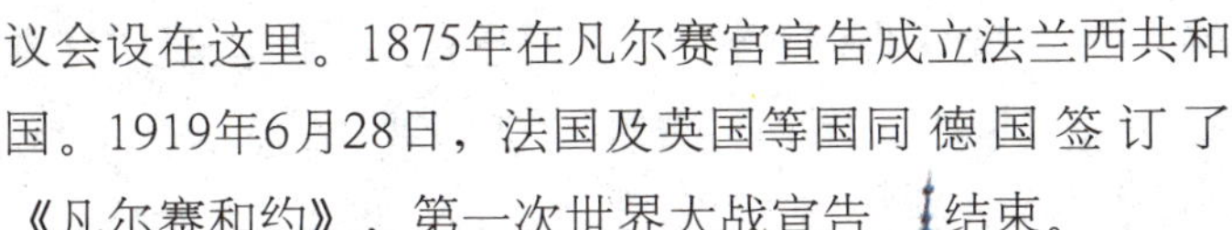

议会设在这里。1875年在凡尔赛宫宣告成立法兰西共和国。1919年6月28日，法国及英国等国同德国签订了《凡尔赛和约》，第一次世界大战宣告结束。

今日的凡尔赛宫已是举世闻名的游览胜地，各国游人络绎不绝，参观人数每年达200多万。南北宫和正宫底层处，从路易·菲利浦起已改为博物馆，收藏着大量珍贵的肖像画、雕塑、巨幅历史画以及其他艺术珍品。凡尔赛宫除供参观游览之外，法国总统和其他领导人也常在此会见或宴请各国国家首脑和外交使节。

作为欧洲最美的皇宫，凡尔赛宫沿袭的是文艺复兴式的着重俗世之美和严谨秩序的风潮，是国家建筑意念超凡入圣的典范。

巴黎圣母院

世界文化常识

巴黎圣母院

巴黎圣母院坐落于巴黎市中心塞纳河中的西岱岛上，始建于1163年，是巴黎大主教莫里斯·德·苏利决定兴建的，整座教堂在1345年才全部建成，历时180多年。

巴黎圣母院是一座典型的“哥特式”教堂，它之所以闻名于世，主要因为它是欧洲建筑史上一个划时代的标志。圣母院的正外立面风格独特，结构严谨，看上去十分雄伟庄严。它被壁柱纵向分隔为三大块；三条装饰带又将它横向划分为三部分，其中，最下面有三个内凹的门洞，门洞上方是所谓的“国王廊”，上有分别代表以色列和犹太国历代国王的二十八尊雕塑。1793年，大革命中的巴黎人民将其误认作他们痛恨的法国国王的形象而将它们捣毁。但是后来雕像又重新被复原并放回原位。“长廊”上面为中央部分，两侧为两个巨大的石质中棂窗子，中间一个玫瑰花形的大圆窗，其直径约10米，建于1220年～1225年。中央供奉着圣母圣婴，两边立着天使的塑像；两侧立的是亚当和夏娃的塑像。

教堂内部极为朴素，几乎没有什么装饰。大厅可容纳9000人，其中1500人可坐在讲台上。厅内的大管风琴也很有名，共有6000

根音管，音色浑厚响亮，特别适合奏圣歌和悲壮的乐曲。曾经有许多重大的典礼在这里举行，例如，宣读1945年第二次世界大战胜利的赞美诗，又如1970年法国总统戴高乐将军的葬礼等。

巴黎圣母院是一座石头建筑，在世界建筑史上被誉为一曲由巨大的石头组成的交响乐。虽然这是一幢宗教建筑，但它闪烁着法国人民的智慧，反映了人们对美好生活的追求与向往。

罗马大角斗场

罗马大角斗场为古罗马时期剧场建筑，世界名胜，位于意大利首都罗马的威尼斯广场南面，是古罗马建筑的典型代表，也是古罗马帝国的象征。角斗场又名斗兽场、露天竞技场，因它建于弗拉维王朝时期（公元69年～公元96年），故又称弗拉维露天剧场。但其真正的名字是科洛塞奥，意为高大，因广场上原有尼禄皇帝的一个高大铜像而得名。

这座椭圆形的建筑物是由维斯帕西安皇帝于公元72年开始修建的，其子提图斯皇帝于公元80年隆重揭幕，据说是为了纪念罗马帝国征服耶路撒冷的胜利，强迫8万名犹太俘虏服了10年苦役建成的，公元3世纪和公元5世纪重加修葺。角斗场是斗兽、赛马、竞技、阅兵、歌舞等的场所，用淡黄色巨石垒砌，外观为椭圆形。角斗场占地2万平方米，外部高48.5米，周长527米，椭圆长径188米，短径155米，四周可容观众5万人。角斗场共分四层，一、二、三层有半露圆柱装饰，每两根半露圆柱之间即为一座拱门；第四层由长方形窗户和长方形半露方柱构成。场中心的竞技和斗兽处也呈椭圆形，长、宽分别为86米和57米。当初为观赏水中斗

罗马大角斗场

兽情景，还采用了引湖淹灌的办法。后来在台下改建成许多地窖，供角斗士化妆准备搏斗和关闭猛兽之用。据记载，角斗场竣工后，各种表演持续了100天，动用了5000头狮子、老虎和其他猛兽，还有3000名由奴隶、俘虏、罪犯和基督徒组成的角斗士，他们大部分都惨死在角斗场上。经历了2000年风雨侵袭的圆形角斗场，其围墙已有半壁倒塌，角斗士和猛兽生死搏斗的场地也已破残不堪，当年建成的地窖也露出地面，然而其四周的看台还保存得相当完整。入口处有一座被称为凯旋门的牌坊，同时还有为游客准备的中世纪的轿式马车。

悉尼歌剧院

悉尼歌剧院是世界著名的建筑之一，虽然它于1973年才建成，但现在已作为澳大利亚的标志性建筑而与印度泰姬陵和埃及金字塔齐名。

那么，这座杰出的现代化建筑是如何建成的呢？那要退回到1950年。一群做慈善事业的市民们认为悉尼需要一个中心以促进表演艺术的发展，凯西尔总理对这件事非常热心，他设立了委员会，并拨给了建设歌剧院所需要的资金。可是，建设不久以后就发现这项工程需要大量的资金，因此，有人提出了抽彩给奖法。

悉尼歌剧院

一个寻找建筑设计方案的国际性竞争开始了。丹麦建筑师乌特松最终夺魁。他设计的歌剧院与众不同，屋顶像一艘整装待发的航船。这个设计非常大胆和先进，它超过了当时工程学所能容纳的范围，因此乌特松必须要花上两年的时间作调查并重新设计以提出一个在结构上符合实际的方案。

这个方案到1954年仍在讨论中，但乌特松却在1966年辞职了，因为人们对建筑成本和内部装饰的意见不同而争论不休。一组澳大利亚建筑师接受了这项任务，并开始广泛地寻找这座建筑所适合的结构。他们解决了建筑时所涉及的所有困难，成功地建成了这座闻名世界的建筑。

歌剧院这个名字与

它高大的结构相比似乎有些轻描淡写。悉尼歌剧院里大约有一千个房间，包括四个主要听众席。歌剧院由一个接待厅、五个排练室、四个餐厅、六个酒吧、六十个化妆室和套房、一个图书馆、一个供艺术家们休息的地方和存放各种道具的房间组成。音乐大厅可容纳观众2679人。

音质是人们最关心的事之一，而在这里演奏交响乐是最合适的。在舞台的上方，有18个可以调整的聚合环状物，这些环状物是用来把声音反射回去给台上演奏的演员们听的，声音回响在舞台上，有助于提高演奏者的演奏水平。这里不仅适用于演奏古典音乐，而且也适合演奏其它不同类型的音乐。

悉尼歌剧院在1973年10月23日由英国女王伊丽莎白二世剪彩落成，它的第一场演出是澳洲歌剧公司表演的由普罗科菲耶夫改编的《战争与和平》。这是值得庆祝的第一次正式演出。这次演出以后，悉尼歌剧院就确立了它在文化发展方面的重要影响力。它的经营目标是通过上演高质量的节目来保证让观众和赞助人都有个难忘的经历。从地理位置上来看，它处于悉尼大桥附近的奔尼浪岛上，这无疑也是使它成为世界文化聚集地的原因之一。

吴哥窟

吴哥窟位于柬埔寨洞里萨湖西北暹粒市北6千米处，约建于1150年，是世界上最大的寺庙建筑群中最大和最著名的庙宇。吴哥窟共建有各式建筑物约600座，散布于约45平方千米的森林之中，吴哥窟是高棉国王领土内千百个宗教建筑之一。

吴哥窟

雅典卫城

600多年来，整个高棉地区湮没在丛林榛莽中，更边远的地区因为可能埋有地雷而变得危险。有些树木穿过建筑物在石缝中成长起来，因而导致了一些主要寺庙被毁。有人怀疑随着木结构建筑被湮没，这些石建筑最终也会倒塌。

雅典卫城

古希腊时期城市建设最重要的传世之作毫无疑问当属雅典及雅典卫城。

雅典背山面海，城市布局呈现出一种不规则的自由状态，广场无定型，建筑排列因地制宜，无轴线关系。城市中心为卫城，居民定居点和城市就是从卫城山脚下逐步向外发展形成的。

雅典卫城是当时雅典城宗教的圣地和城市公共活动的中心，也是雅典全盛时期的纪念碑。雅典卫城建于城内一个陡峭的高于平地70米～80米的山顶台地上，东西长约280米，南北最宽处为130米，山势险要。卫城发展了民间圣地建筑群自由活泼的布局方式:建筑物的安排顺应地势，建筑布局不是刻板的简单轴线关系，而是经过人们长时期步行观察思考和实践的结果。卫城内各个建筑物均处于空间的重要位置上，如同一系列有意布置的艺术雕塑。1940年，著名希腊学者道萨迪斯曾分析雅典卫城，发现其中建筑布置、入口与各部分的角度都有一定关系，并证明它合乎毕达哥拉斯的数学分析。

第十章

国家与学校

Guojia Yu Xuexiao

每个国家名字的由来都有一段神奇的故事，本章中选取的这些国家也不例外。你知道美国国名、日本国名、韩国国名的由来吗？你知道因误会而得国名的又是哪些国家吗？本章都会为你一一解答的。快来读一下吧！

美国国名溯源

美国国鸟白头鹰

美国全称为“美利坚合众国”，缩写为US或USA。在英语中，“亚美利加”和“美利坚”同为“America”，前者指全美洲，后者指美国。美国的绰号叫“山姆大叔”。这个名字来源于一段趣事，1812年英美两国为争夺领土开战，美国有个专门供应军用牛肉的商人山姆·威尔逊，他在供应军队牛肉的桶上写有“u.s.”，表示这是美国的财产，而这恰与他的昵称“山姆大叔”的缩写(u.s.)相同，于是人们便戏称这些带有“u.s.”标记的物资都是“山姆大叔”的。后来，“山姆大叔”就逐渐成了美国的绰号。19世纪20年代，美国漫画家又把“山姆大叔”人格化，漫画中的“山姆大叔”是一个白头发，有山羊胡子，戴星条高顶帽，身着红、白、蓝三色燕尾服和条纹裤的瘦高的老人。1961年美国国会通过决议，正式以“山姆大叔”作为美国的象征。

美国国徽

误会得国名

从前，有一位法国航海家来到西非海岸。他上岸后问一位当地妇女：“这是什么地方？”那位妇女用土语说了声“几内亚”，意指自己是妇女。航海家就在航海图上写上“几内亚”三个字。后来，几内亚就成为该国国名。

美国玫瑰

加拿大

名称，便大声回答："加拿大。"于是"加拿大"便成了国名。

15世纪时，葡萄牙一位航海家来到塞内加尔，遇到一条大河，他问船上一位当地渔夫："这是什么地方？"渔夫以为他问这是条什么船，就回答说："萨纳加。"意为独木船。塞内加尔的国名就是从"萨纳加"演变而来的。

16世纪时，法国一位探险家来到加拿大，他问当地一位酋长："这是什么地方？"酋长以为他问附近一个由棚屋组成的村落的

澳大利亚的原意是"南方大陆"。很早以前，欧洲人特别是希腊人，就传说南方有块大陆，但谁也没有到过那里，只是在17世纪，有些欧洲殖民者到了现在的澳大利亚，他们误以为这就是传说中的"南方大陆"，于是把它叫做"澳大利亚"。

位于非洲东北部亚丁湾西岸的吉布提，同埃塞俄比亚和索马里为邻。很早以前，有几个西方人来到这个地方，遇见一个老翁正在做饭，他们问道："这是什么地方？"由于语言不通，老人以为问的是"这是什么东西"，于是顺口答道："布提。"布提在当地语中是"锅"的意思。西方人没有听清，又问一次，老人大声回答道："吉布提。"意思是"我的锅"。于是吉布提被当做国名流传了下来。

日本国名的由来

日本全称"日本国"，是位于亚洲东北部、太平洋西北隅的岛国，古称"八大洲国"、"苇原中国"、"丰苇原瑞穗国"等。至神武天皇时即公元前

日本一角

42年，天皇将其建国的地方称做Yamato，即“和”或“大和”，在日语中，Yama意为“山”，to意为“地方”，合起来原意为“多山之地”，是以地形命名的国名。这样，“大和”一名便成为日本的国名。到了公元3世纪末4世纪初，在国都附近的大和地方，又出现了一个统治整个北九州、势力达到关东地方的邪乌国，又称“大和”政权，所以，当时对日本的俗称为“大和”。大化元年（公元645年），日本第三十六代孝德天皇即位，大化革新后，日本仿效唐制，建立了封建中央集权制国家，为区别以前的大和政权，将国名正式改为日本国。在日本官方文献上改称日本，则是在公元720年，这一年，日本用汉文编写成《日本书纪》，把“大和”日本古称都改为“日本”。二战结束以前大约半个世纪内，日本是一个带有军事封建性的帝国主义国家。1868年明治维新，日本的民族扩张主义逐渐抬头。1889年公布的明治宪法定国名为“大日本帝国”。第二次世界大战中，大日本帝国战败投降。1946年11月公布的宪法称日本为“日本国”，一直使用到现在。

韩国国名探源

韩国木槿花

公元4世纪，在今天的朝鲜半岛上有了新罗、高丽、百济三个国家。公元918年王建建立了王国，国号高丽，并于公元936年统一了朝鲜半岛。高丽王国历时近500年，为各国所熟知，所以至今外文名称音译为高丽。1392年，高丽三军都总制使李成桂建立李氏王朝，定国名为朝鲜，意为清晨之国、朝日鲜明之国或晨曦清亮之国。《东国舆地胜览》一书说：“国在东方，先受朝日之光辉，故名朝鲜。”

今日朝鲜民族的祖先主要是《后汉书》和《三国志》中提到的“三韩”，即马韩、辰韩和弁辰（弁韩），分布在今天的韩国以及朝鲜南部地区，实际上它们在十六国时期还只是三个大的部族，到南北朝时期才

韩国一角

逐渐形成新罗和百济两国。三韩就是是韩国名字的由来。

因物产而有美称的国家

许多国家因其特产享有各种各样的美称。马来西亚盛产橡胶，被称为“橡胶之国”；赞比亚、智利、塞浦路斯盛产铜，被称为“铜矿王国”；哥伦比亚是为纪念新大陆的发现者而取名的，又因这里黄金产量居拉美首位，故被称为“黄金之国”；墨西哥一向盛产黄金和白银，全国31个州有24个出产金银，被称为“金银之国”，又因盛产仙人掌，被称为“仙人掌之国”；卢森堡钢铁工业发达，南部红土带中含铁量丰富，被称为“钢铁之国”或“红土之国”；瑞士钟表工业发展历史和产量都居世界之首，素称“钟表之国”。

马来西亚一角

世界上形形色色的国家

世界上面积最小的国家:梵蒂冈，面积仅有0.44平方千米，不足北京故宫面积的2/3；而位于地中海沿岸的摩纳哥面积只有1.89平方千米，仅相当于北京颐和园的一半。

世界上面积最大的国家:俄罗斯，面积1707.54万平方千米。

世界上最穷的国家：人口约84万的东帝汶是世界上最穷的国家。据世界银行统计，该国失业率高达70%，每人每天的生活费只有55美分。

世界上人口最稀少国家:梵蒂冈是人口最少的国家，只有不到1000名居民。

世界上人口最多国

梵蒂冈

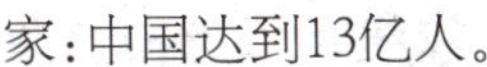

家:中国达到13亿人。

世界上民族最多的国家:世界上民族最多的国家要数尼日利亚，8000多万人口中大小民族却有250个，占世界民族总数的1/8。

各个国家国旗的来历

国旗是一个国家的象征与标志，悬挂着的国旗就代表了国家的主权。最早以立法形式确定国旗是在1789年的法国大革命时开始的。法国的国旗以三色旗著称，最早出现在法国大革命时期，颜色取自当时法国国徽（红和蓝），再加上法国王室的颜色白色。其中蓝色是圣马丁长袍的颜色，白色纪念民族英雄圣女贞德，红色则是圣但尼军旗的颜色。最早的三色旗色彩的排列与今天不同，红色在左，不过后来有过调整。1794年2月15日，三色旗最终被确定为法兰西第一共和国的国旗。波旁王朝复辟时，三色旗曾经被废除，而用王室的鸢尾花旗。1830年七月革命后，三色旗再度成为法国的国旗，并延续至今。法国国旗是世界上最重要的国旗之一，对后来世界各国国旗的发展都有重要影响。

印度国旗由橙、白、绿三个相等的横长方形组成。旗面中心有一个含24根轴条的蓝色法轮。橙色象征了勇气、献身与无私，也是印度教士法衣的颜色，白色代表了真理与和平，而绿色则代表繁荣、信心与人类的生产力。法轮是印度孔雀王朝鼎盛的阿育王时代佛教圣地石柱柱头的狮首图案之一，神圣的法轮象征着真理与道德，也代表了印度古老的文明。法轮的24根轴条则可代表一天的24小时，象征国家时时都在前进。1931年，全印国大党委员会任命7人委员会负责国旗的起草，1947年7月22日印度制宪会议批准这面旗帜为印度的国旗。

美国的国旗通常称为星条旗。主体由13道红、白相间的宽条组成，7道红条，6道白条；旗面左上角为蓝色长方形，其中分9排横列着50颗白色五角星。红色象征强大和勇气，白色代表纯洁和清白，蓝色象征警惕、坚韧不拔和正义。13道宽条代表最早发动独立战争并取得胜利的13个州，50颗五角星代表美利坚合众国的州数。1818年美国国会通过法案，国旗上的

印度国旗

美国国旗

红白宽条固定为13道，五角星数目应与合众国州数一致，每增加一个州，国旗上就增加一颗星，一般在新州加入后的第二年7月4日执行。至今国旗上已增至50颗星，代表美国的50个州。每年6月14日为“美国国旗制定纪念日”。

朝鲜国旗

朝鲜民主主义人民共和国国旗为长方形，旗面中间是一条红色的宽带，上下各有一蓝边，在红色和蓝色之间是白色的细条。红色宽频的靠旗杆侧有一个红色五角星镶嵌在一个白色圆地内。

英国国旗也称联合王国国旗。英语是theUnionJack或UnionFlag。Union指1606年英格兰和苏格兰的联合，Jack意为悬挂在船首表示国籍的小旗。国旗由深蓝底色和红、白“米”字组成。它是由3面旗帜重叠在一起而成。一面是英格兰守护神圣乔治的旗帜，图案是白地红色正十字。圣乔治一直是英格兰民族的象征，每年4月23日是圣乔治节，英格兰人都会在衣领上佩戴一朵红玫瑰。第二面是苏格兰守护神圣安德鲁的旗帜，图案是蓝地白色交叉十字。圣安德鲁是苏格兰人的象征，每年11月30日是圣安德鲁节，苏格兰人喝威士忌酒，跳苏格兰民族舞蹈，唱民族歌曲，还常在上衣纽扣眼上扣一朵蓟草花，以示庆祝。第三面是爱尔兰守护神圣帕特里克的旗帜，图案是白地红色交叉十字。公元5世纪时，不列颠少年帕特里克被爱尔兰岛的凯尔特人掳去牧羊，几年后他到法国做了天主教僧侣，然后又回到爱尔兰传教，以和平的方法使凯尔特人皈依天主教。他为爱尔兰文化艺术的发展作出了贡献。每年3月17日是圣帕特里克节，爱尔兰人举行纪念活动，佩戴酢浆草花，衣着上要有绿色，蛋糕上也要有绿色。1801年爱尔兰与大不列颠联合组成王国，英国国旗随之产生，由原英格兰、苏格兰和爱尔兰的三面旗帜合在一起组成。这面旗帜并不包括表威尔士的标志，因为设计国旗时，英格兰已包括威尔士。女王或国王有自己的旗帜，叫王室旗帜，挂出这种旗帜，表示君主正在场。如当女王住在白金汉宫时，这面旗帜就悬挂在白金汉宫。

英国国旗

德意志联邦共和国的国旗是由黑、红、金（黄）三种颜色组成，这三种颜色自上而下呈平等相等的三个长方形排列。

1813−1814年，在德意志民族反抗拿破仑侵略的民族战争中出现了第一面黑、红、金三色旗，那是一面绣着“为了祖国，和上帝同在”的黑红双色、外加金黄色旗穗的锦旗，是德国妇女赠送给抗法志愿军的。后来民族战争取得了胜利，将它誉为自由与统一的象征。

1848年，德国爆发了资产阶级革命，三色旗又成为德国资产阶级反对封建专制、争取自由民主和国家统一运动的标志。

1848年，德意志联邦的诸侯们宣布黑、红、金三色为联盟旗帜的颜色。但普鲁士国王威廉一世对此表示反对，他要求保留代表家族的黑、白色。1866年联盟军队在黑、红、金三色旗下同普鲁士作战，结果失败。1871年，俾斯麦统一德国。代表普鲁士的黑、白色和代表汉萨城市的红、白色旗代替了黑、红、金三色旗。

魏玛共和国时期，虽然恢复了黑、红、金三色旗的国旗地位，但国旗之争一直存在。1935年，希特勒结束了这场国旗之争，决定了统一的国旗颜色为黑、红、白，这就是“　”字旗。二战中，“　”字旗成了暴力和血腥恐怖的象征。1945年，随着希特勒的第三帝国的灭亡，“　”字国旗被永远废除。

德国国旗

1948年，在起草《基本法》的过程中，人们一致认为应当恢复象征自由、统一的黑、红、金三色旗。1990年两德统一后，原联邦德国的黑、红、金三色旗成了统一后德国的国旗。

下半旗致哀的由来

下半旗，是当今世界上通行的一种致哀方式。当一个国家的重要人物逝世后，习惯上要把国旗升起后再下降到离旗杆顶端一段距离（距杆顶1/3处），以表示对死者的哀悼。

用下半旗表示哀悼的做法，据说最早出现在1612年。一天，一艘名叫“哈兹·伊斯”号的英国船徐徐地驶进泰晤士河，它的桅杆上飘着半旗，象征船员们对已故船长的敬意。该船长是在北美北部海岸探寻通向太平洋的水道时不幸去世的。以后许多船只沿用了这种哀悼方式，不过直到17世纪上半叶，下半旗的做法还一直局限在船上。

随着时间的流逝，用下半旗表示哀悼的做法便流传到陆地上，后来它被官方承认，并为世界各国所采用。

世界各国国歌拾趣

国歌与一般歌曲不同，它庄重、雄浑，代表着一个国家的气质，是国民奋勇前进的号角。国歌的制定一般要经过国家的最高权力机关讨论并通过。

歌词最老的国歌：公元794年至公元1185年是日本的平安时代，当时，日本有首歌叫《君之代》。它选自延喜五年（1565年）醍醐天皇敕选的《古今和歌集》卷第七，是平安时代（公元794～公元1185）的一首贺歌。1888年，此歌被日本政府定为国歌。

最著名的国歌：法国国歌《马赛曲》。原名《莱茵战歌》，作于1792年奥普武装干涉法国的危急时刻。它充分表达了法国人民为争取民主、反对暴政的坚强信心和大无畏的精神。1792年12月《马赛曲》被革命政府宣布为“共和国之歌”，到1795年被国会正式定为国歌，是目前世界上普遍认为最著名的国歌。

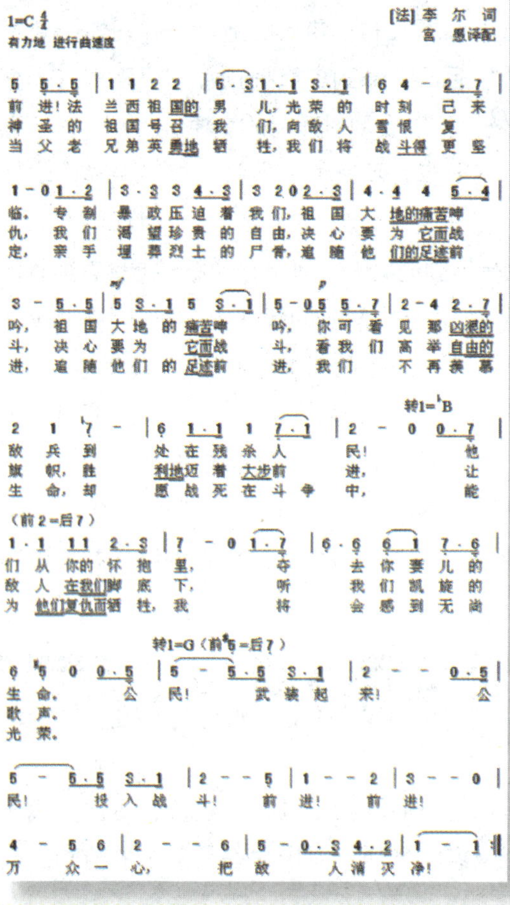

使用最广的国歌：《上帝保佑我女王》本是英国国歌，可除英国以外，世界上还有20多个国家也把它作为国歌或准国歌。

庄严雄壮的国歌：中国的国歌《义勇军进行曲》庄重严肃、雄壮激昂、内容感人至深，与世界其他国家的国歌相比，不失为庄严、雄壮之歌。《义勇军进行曲》在抗日战争、解放战争中都起了巨大的推动和鼓舞作用，是一首有广泛影响的战歌，它在人民心中保持了强大的生命力。中华人民共和国建立时，《义勇军进行曲》被定为代国歌，在五届人大五次会议上被正式定为中华人民共和国国歌。

世界上最长的国歌是孟加拉人民共和国的国歌《金色的孟加拉》，全曲长达142小节。

世界上最短的国歌是西南亚波斯湾沿岸的巴林国歌。巴林国歌无歌词，它仅用了4/4拍七小节的号角之音。有歌词的国歌，最短的是乌干达国歌。乌干达于1962年宣告独立时，在全国举行征集国歌比赛，一位音乐教师卡科马作词作曲的一首仅有4/4拍八小节的歌曲获选。

世界上歌词最多的国歌是希腊

马赛曲

1=C 4/4
有力地 进行曲速度

[法] 李尔 词
宫愚 译配

5 5·5 | 1 1 2 2 | 5·3 1·1 3·1 | 6 4 – 2·7 |
前进！法兰西祖国的男儿，光荣的时刻已来
神圣的祖国号召我们，向敌人雪恨复
当父老兄弟英勇地牺牲，我们将战斗得更坚

1 – 0 1·2 | 3·3 3 4·3 | 3 2 0 2·3 | 4·4 4 5·4 |
临，专制暴政压迫着我们，祖国大地的痛苦呻
仇，我们渴望珍贵的自由，决心要为它而战
定，亲手埋葬烈士的尸骨，追随他们的足迹前

3 – 5·5 | 5 3·1 5 3·1 | 5 – 0 5 5·7 | 2 – 4 2·7 |
吟，祖国大地的痛苦呻吟，你可看见那凶狠的
斗，决心要为它而战斗，看我们高举自由的
进，追随他们的足迹前进，我们不再羡慕

转1=♭B

2 1 ♭7 – | 6 1·1 1 7·1 | 2 – 0 0·7 |
敌兵到处在残杀人民！他
旗帜，胜利地迈着大步前进，让
生命，却愿战死在斗争中，能

（前2=后7）

1·1 11 2·3 | 7 – 0 1·7 | 6·6 6 1 7·6 |
们从你的怀抱里，夺去你妻儿的
敌人在我们脚底下，听我们凯旋的
为他们复仇而牺牲，我将会感到无尚

转1=G（前♯5=后7）

6 ♯5 0 0·5 | 5 – 5·5 3·1 | 2 – – 0·5 |
生命。公民！武装起来！公
歌声。
光荣。

5 – 5·5 3·1 | 2 – – 5 | 1 – – 2 | 3 – – 0 |
民！投入战斗！前进！前进！

4 – 5 6 | 2 – – 6 | 5 – 0·3 4·2 | 1 – 1 ||
万众一心，把敌人消灭净！

国歌《自由颂》，整个歌曲是由4/4拍20小节曲谱和158段歌词组成的分节歌。歌词是由希腊杰出的诗人索洛莫斯（1798～1857）在独立战争时期号召希腊人民为争取民族独立而战斗写成的著名长诗《自由颂》，1828年，由希腊作曲家曼查罗斯（1795～1873）为《自由颂》谱了曲，1863年，国王乔治一世定它为希腊国歌，沿用至今。因歌词太长，通常使用时，只演唱158段歌词中的第一段。

国花

国花，是一个国家用来代表国家主权的花，一般选择本国特有、且极具观赏价值的花种为宜。中国目前还没有从法律上定义自己的国花，大多数人倾向于用牡丹作为我国的国花，因古有牡丹“国色朝酣酒，天香夜染衣”之说，一说因其雍容、大度、华丽之美征服许多人，在唐代又被誉为“花王”。

牡丹

苏联人民热爱向日葵，并将它定为国花。现在俄罗斯仍把国花定为向日葵。

世界名校的排名根据

哈佛大学

哈佛大学食堂

据《香港明报》报道，《新闻周刊》最新的全世界首百大院校，以大学国际化为排名准则，调查范围包括院校拥有多少来自不同文化的学生、派出学生往外国交流的人次、开设多少有关国际新挑战的科目及举办多少国际合作的研究项目等。

哈佛居首斯坦福居次

上榜大学多数都是欧美院校，尤以美国为多，首10位中有8所都是美国的大学，成为冠军的是哈佛大学，其次为斯坦福大学。能跻入十大的英国院校，分别有第6位及第8位的剑桥大学和牛津大学。

香港三所大学入前百位

除了科大、港大及中大打入首百所大学之列外，亚洲还有9所大学入榜，日本有5所大学入围，排名最高的是第16位的东京大学，而京都大学、大阪大学、东北大学及长野大学分别名列第29位、第57位、第68位及第94位。新加坡亦有两所大学入榜，包括第36位的新加坡国立大学及第71位的南洋理工大学。对比之下，科大成为亚洲大学中国际化第五强的大学，港大为第七，中大则在上榜的亚洲大学中排在倒数第一。

香港中文大学

香港科技大学一角

排名榜的研究又发现，过去30年来，全球得以派往外地交流的大学生，从1975年的80万人次升至2004年的250万人次。

香港大学

第十一章

科技发明

Keji Faming

21世纪是科技发明不断更新的时代。在我们使用手机、电话机、阅读报纸、听广播的同时，你知道它们是谁发明的，又是怎么诞生的吗？你知道我们每天上下班骑的自行车、乘坐的公交车的发展历史吗？这些疑惑和不解都能在此找到答案。

世界上第一张电话卡

世界上第一张电话卡于1976年6月诞生在意大利，制式为SIDA，以后又有ALCATEL（比利时）、AUTELCA（瑞士）、TAMURA（日本）、DLRCT（丹麦）、GPT（英国）、ID（巴西）、200卡、IC卡多种制式的电话卡相继问世。

电话卡

卡式电话从80年代中期开始进入中国电信公用电话网，1985年，中国最早的电话卡出现于深圳市，一套三枚，为AUTELCA制式，现在中国占主导地位的则是TAMURA制式。

最早的留声机

电唱机最早叫留声机，诞生于1877年。世界上第一个发明留声机的人就是誉满全球的发明大王——爱迪生。

1877年8月15日“会说话的机器”诞生，轰动了全世界。1877年12月，爱迪生公开使用了留声机，外界舆论马上把他誉为“科学家之拿破仑”，留声机是19世纪最令人振奋的三大发明之一。即将开幕的巴黎世界博览会立即把它作为新展品展出，就连当时美国总统海斯也在留声机旁转了两个多小时。

最早的电话机

1875年，世界上第一台电话问世，这台电话的发明者是一位苏格兰青年，名叫亚·贝尔。

亚·贝尔和助手沃特森经过无数次试验，几年艰苦的研究，终于发明了第一台电话机。这两位科学家的发明对后代生活有很大的影响。

最早的报纸

西方有不少人认为最早的报纸是罗马帝国凯撒大帝在公元前59年所创办的《每日记文》，这是一种传递紧急军情的官报，但是这种报纸的寿命不长，不久就停办了。就办报年代而言，我国的邸报要比《每日记文》

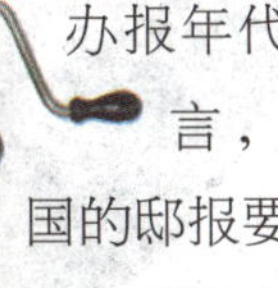

留声机

世界文化常识

早得多。

西汉实行郡县制，全国分成若干个郡，郡再分成若干个县。各郡在京城长安设立驻京办事处（那时叫“邸”），派有常驻代表，相当于皇帝和各郡首长之间的联络官。这些联络官定期把皇帝的御旨、臣僚奏议等官文书以及宫廷大事等有关的政治情报，写在竹简或绢帛上，这就叫“邸报”，然后派遣信使，通过驿道，传送给各郡长官。最早的“邸报”出现在西汉初年，即公元前2世纪左右，比罗马帝国的《每日记文》大约要早1个世纪左右。

恺撒大帝

最早的无线电通信机

1820年，奥斯特发表了著名的奥斯特实验，第一次揭示了电流能够产生磁的物理现象。在此基础上，法拉第于1831年发现了电磁感应定律。到了1873年，麦克斯韦提出电磁场理论，并描述了电磁波的一些基本性能。1888年，赫兹成功地在导线中激起了高频振荡，并在导线周围测得了电磁场，从而用实验证实了电磁波的存在。这一切都为无线电通信的发明奠定了坚实的基础。

奥斯特

自赫兹的实验发表以后，人们就产生了制造利用电磁波传递信息的无线电通信机的构想，并做了大量的实验，结果都没有成功。直到1895年5月7日，亚历山大·斯捷潘诺维奇·波波夫在俄国物理化学学会会议上第一次公开表演了他所发明的称为“雷电指示器”的无线电接收机。第二年在同一学会的会议上又表演了距离为250米的无线电通信。接着，意大利科学家马可尼将无线电通信付诸实用，并申请了专利权。

波波夫发明这架最早的无线电通信机是利

用火花放电来产生高频电磁振荡的。按下电键K后，电池E供给的电流流过初级线圈T1，使铁芯C磁化而吸动衔铁B；于是初级电路断开，铁芯内磁通消失，衔铁B回到原位，初级电路重新接通。每次铁芯内磁通消失时，次级线圈T2中就感应出很高的电势，使天线A和金属球M1充电，直至使两个金属球M1M2之间击穿时为止。这时天线A与地线G之间积累起来的相反电荷通过两球间的电离空气火花放电。这种火花放电具有高频振荡特性，振荡频率由天线和导线等的电感和电容量决定。这种高频阻尼振荡由天线A辐射到空间，这就是发射出去的无线电信号。无线电信号由天线接收进来，经金属检波器检波，继电器1和3配合动作，由小锤按高频信号电流的长短击振出长短不等的铃声，或由记录系统将信号用点、划的形式记录在纸条上。

波波夫发明的火花式电报机是世界上最早的无线电通信机。尽管它存在不少缺点，不能在很宽的频带范围内产生电磁振荡，发送的信号十分简单，但它却开创了无线电技术的新时代，其意义是非常深远的。这种电报机一直沿用到20世纪20年代以前，直到采用电子管后才被取代。

最早的无线电广播

1906年12月24日即圣诞节前夕的晚上8点钟左右，美国匹兹堡大学教授费森登通过马萨诸塞州布朗特岩的国家电器公司128米高的无线电塔成功地进行了一次广播。广播的节目有读圣经路加福音中的圣诞故事，小提琴演奏曲，还播送了德国音乐家韩德尔所作的《舒缓曲》等。人们听到电波传来的精彩节目，感到十分惊奇。这是人类历史上第一次进行的正式的无线电广播。在1900年11月，费森登教授曾进行过一次演说广播，但声音极不清楚，未被重视。不过，第一次成功的无线电广播，应该是1902年美国人内桑·史特波斐德在肯塔基州穆雷市所作的一次试验广播。

史特波斐德只读过小学，他如饥似渴地自学电气方面的知识，后来成了发明家。1886年，他从杂志上看到德国人赫兹关于电波的谈话，从中得到了启发，并试图把它应用到无线广播上。当时，电话的发明家贝尔也在思考这个问题，但他的着眼点在有线广播，而史特波斐德则着眼于无线广播。经过不断地研制，终于有了成果。他在附近的村庄里放置了5台接收机，又在穆雷广场放上话筒。一切准备工作就绪了，他却紧张得不知播送些什么才好，只得把儿子巴纳特叫来，让他在话筒前说话，吹奏口琴。试验成功了，巴纳特·史特波斐德因此而成为世界上第一个无线广播员。

巴纳特在穆雷市广播成功之后，又在费城

进行了广播，获得华盛顿专利局的专利权。现在，肯塔基州立穆雷大学还树有“无线广播之父”的纪念碑。

人行横道的来历

人行横道又叫斑马线，源于古罗马时代的跳石。早在古罗马时期的庞贝城的一些街道上，车马与行人交叉行驶，经常使市内交通堵塞，还不断发生事故。为此，人们便将人行道与马车道分开，并把人行道加高，还在靠近马路口的地方砌起一块块凸出路面的石头——跳石，作为指示行人过街的标志。行人可以踩着这些跳石，慢慢穿过马路，而马车运行时，跳石刚好在马车的两个轮子中间。后来，许多城市都使用这种方法。19世纪末期，随着汽车的发明，城市内更是车流滚滚，加之人们在街道上随意横穿，阻碍了交通，从前的那种跳石已无法避免交通事故的频频发生。20世纪50年代初期，英国人在街道上设计出了一种横格状的人行横道线，规定行人横过街道时，只能走人行横道，于是伦敦街头出现了一道道赫然醒目的横线，看上去这些横线像斑马身上的白斑纹，因而人们称它为斑马线。司机驾驶汽车看到这条条白线时，会自动减速缓行或停下，让行人安全通过。斑马线至今在街道上仍然随处可见。

斑马线

世界上第一辆公共汽车诞生于哪个国家

公共汽车

最早的汽车以蒸汽机为动力，所以它们其实更像火车机车而不像现在我们常见的汽车。1825年，英国戈尔沃斯·格尼公爵通过一系列研究制造出一种蒸汽公共汽车。这种蒸汽公共汽车可乘坐18人，速度每小时19千米，它的蒸汽机装在车后。这是世界上第一辆营业性的公共汽车。到1828年，英国出现了第一个公共汽车运输公司——苏格兰蒸汽汽车公司，这时的公共汽车的设计已经有所改进，可以乘坐22位乘客，每小时的速度也增加到32千米。

目前世界上最安全的飞机

世界上最昂贵的“空军一号”的机尾印有美国国旗，机翼上有美国空军的标记和英文缩写。从外表看，机身涂着银、蓝、白三色，尾翼上漆有一面星条旗，前舱门的右下方有一个总统座机标志：一个爪握橄榄枝与13支箭的秃鹰（美国国徽），四周写有“美利坚合众国总统”字样。

“空军一号”内置有当今最先进的电脑、通讯、医疗器材，简直就像白宫和五角大楼的缩影。美国总统不但可以在机内办公，还可享受家居般的方便生活。卧房、浴室、厨房、餐厅等，设备齐全。总统有一个相当隐密且宽敞的隔间。他和第一夫人有个起居室，室内有一张可折叠的沙发床、木头制的橱柜、纯皮的椅套、长毛的地毯、电动的窗帘。机内还有一间浴室，不单淋浴设备齐全，还有一面大镜子、一个面盆、一个电动剃刀桌、一套现代化抽水马桶。起居室的隔壁，就是总统办公室，由一个原木桌和皮套椅组成。蓝色的石英钟挂在墙上，包括美国本土、华盛顿特区与到达地点的时间。另外，还有一个非常现代化的医疗中心。房间里，有三个头等舱大小的座椅、两个卧铺、一个洗脸台，一台冰箱专为冷藏血液与药品用，一个装满医疗器材的橱子；还有一个可折叠的手术桌，配上高敏感度的灯光。医疗中心的所有设备完全是采用最新式的尖端器材，不论发生了任何紧急状况，它都能立时发挥急救功能，甚至比一般的医院急诊室更为现代化。另外还有一间工作室，里面包括了最新的录放影设备、投射片荧幕、地图吊挂以及其他会议室的任何必需设施。在华丽的餐桌上，有一块木制结构的厚板子镶在桌面上，底下隐藏着一些电线与录音设备及随时可以卡断的系统，以确保通讯安全与清晰的电话交谈。专机上包括了两个具有厨房功能的地方，都放有微波炉、烤箱等。当然，为了飞机上的安全，这些器材都是特别设计的，不会造成危险。机上设备齐全，白宫幕僚在地上做的一切事，在空中也能做。最有意思的

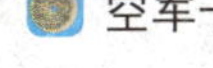
空军一号

世界文化常识

是，飞机内的电视荧屏可收到来自世界各地的节目。而且，每一个隔间内都有这么一个电视机。若想看任何节目录像，只要拿起座椅旁的电话，通知有关人员，便可收看到节目。

这架总统座机的内部，包含87座电话机、10台电脑、一架大得足以供应一个律师事务所的影印机、一台传真机以及57架天线，几个座椅边有两架电话机。白色的电话是一般用的，而米黄色的电话是过滤杂音的辨视声音沟通系统，电话声音极为清晰。在上层机舱内，有专人负责这些对外的通讯操作。机身内壁的电子设备操纵整架飞机复杂的通讯网络，只要拿起座椅旁的电话，接线员便会立刻回答。这些电讯设备能很快地传到世界各地，给你想要说话的任何人，包括即使手边没有对方电话号码，接线员都会想尽办法帮你查询接通。

黑匣子是什么

被当做飞机飞行状况“见证人”的黑匣子，其实并非黑色，而是常呈橙红色。因为它能帮助破解飞行事故（尤其是飞机在失事瞬间和失事前一段时间的飞行状况）的秘密，因此叫“黑匣子”。

黑匣子

黑匣子外壳坚实，为长方体，约等于四五块砖头垒在一起一般大。内部为电气器件，实质上是一台收发信机。在飞机飞行过程中，它能将机内传感器所收集到的各种信息及时接收下来，并自动转换成相应的数字信号连续进行记录；当飞机失事时，黑匣子会依靠紧急定位发射机自动向四面八方发射出特定频率（例如37.5千赫），类似心跳般有规律的无线电信号将“宣告”自己所处的方位，以便搜寻者寻找。1974年，一架波音707坠入水深3000多米的海底，就是靠这种无线电定位信号找到黑匣子的。因为匣内电池容量有限，定位发信机通常只能连续工作个把月，如果打捞不及时，黑匣子就会销声匿迹。

每架飞机上通常有两个黑匣子，它们的学名分别叫“飞行数据记录仪”和“机舱话音记录器”。前者主要记录飞机的各种飞行数据，包括飞行姿态、飞行轨迹（航迹）、飞行速度、加速度、经纬度、航向以及作用在飞机上的各种外力，如阻力、升力、推力等，共约200多种数据，可保留20多小时的飞行参数。超过这个时间，数据记录仪就自动吐故纳新，旧数据被新数据覆盖。机舱话音记录器主要记录机组人员和地面人员的通话、机组人员之间的对话以及驾驶舱内出现的各种音响（包括飞机发动机的运转声音）等。它的工作原理类似普通磁带录音机，磁带周而复始运行不停地洗旧录新，总是录留下最后半小时的各种声音。一次飞行通常要经历8个阶段（起飞、初始爬升、爬升、巡航、下降、开始进场、最后进场、着陆），每一阶段的情况，都逃不过黑匣子的“耳朵”。

世界桥梁之最

现存最古老的敞肩拱石桥是河北赵县赵州桥。隋朝开皇十五年至大业元年（公元595年～公元605年）建。

现存最早的也是桥洞最多的联拱石桥是江苏苏州的宝带桥。唐元和十一年（公元816年）始建。

现存最早的十字桥是山西晋祠的鱼沼飞梁。北宋崇宁元年（1102年）建。

最早的开关活动式大石桥是广州潮州广济桥。明宣德十年（1435年）建。

世界上跨度最大的石拱桥是1946年瑞典建成的绥依纳松特桥，跨度为155米。

世界上第一座具有钢筋混凝土主梁的斜拉桥是1925年在西班牙修建的跨越但波尔河的水道桥，主跨为60.35米。

世界上跨径最大的预应力混凝土斜拉桥是西班牙的卢纳巴里奥斯桥，跨径达440米，采用了双面辐射形密索布置。

世界第一的悬索桥是日本明石海峡桥，横跨日本内海，使日本神户与淡路岛紧紧相连。这座大桥全长3190米，中央跨度1990米，于1998年竣工。它可以承受里氏8.5级的地震。

赵州桥

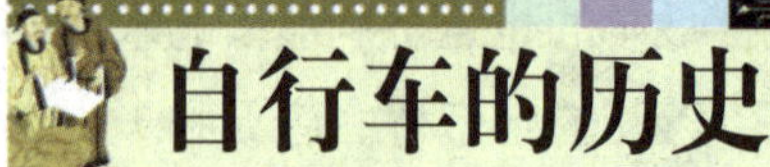

自行车的历史

自行车发明至今已有200多年的历史。今天，自行车作为交通代步、锻炼身体、越野旅游、运动比赛以及少量货物运送的工具，已遍及世界的每个角落。那么，我们是否知道自行车的发展历史呢？

快车——最早的自行车

在1791年夏季的一天，路易十六王宫的大草坪上聚集了许多男士和女士。突然，传来一阵“得得”声，并伴着很响的“轧轧”声，瞬间，人们看到一位名叫孔特·德·希拉克的男士狂奔着从槌球场中间穿过。不过，希拉克不是像普通人那样奔跑，而是坐在一只奇怪的装着轮子的“木马”上，两只脚以奔跑的动作蹬踏着地面。当希拉克到达草坪的尽头时，他转过“木马”又跑了回来。人们为希拉克的“滚动木马”所吸引，称之为“快行脚”，真正的自行车历史从此真实地开始。

脚蹬——双脚开始离开地面

1863年的一天，法国人皮埃尔·米乔克斯骑着一辆早期二轮

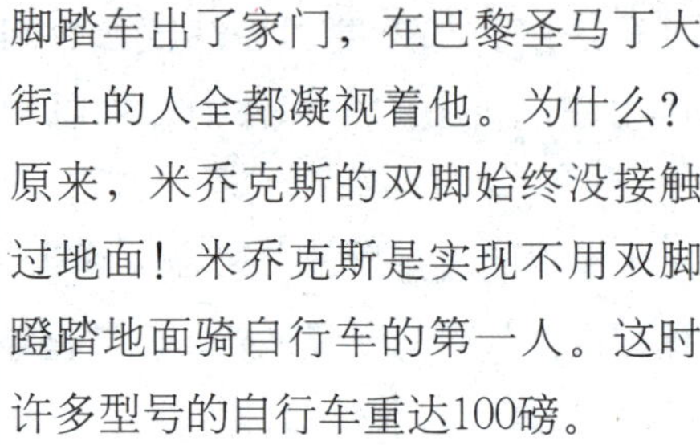

脚踏车出了家门，在巴黎圣马丁大街上的人全都凝视着他。为什么？原来，米乔克斯的双脚始终没接触过地面！米乔克斯是实现不用双脚蹬踏地面骑自行车的第一人。这时许多型号的自行车重达100磅。

无橡皮轮胎——一年卖出400辆

1865年，米乔克斯经营的马车店一年中销售出了400辆经他改进的装脚蹬的无橡皮轮胎自行车。但这时的自行车被人称为“颠散骨头的车子”，减震功能还差得多。

大小轮——终于把重量减下来

1869年，在法国举行的第一届自行车展上，出现了前轮大、后轮小的自行车。1871年，英格兰考文垂市的詹姆士·斯塔雷造出了第一辆名为“Ariel”的大小轮自行车。这种车子特别轻，斯塔雷也被人们称为“自行车工业之父”。大小轮自行车是第一种在世界主要工业国流

行的自行车。

安全型——在妇女中流行

1879年，英国的H．J．劳森研制出了30磅重、二轮的链条驱动自行车。这种车车轮小、重量轻，骑车者坐在前轮之后，即使急刹车骑车者也不会翻过车把。这种自行车受到妇女们的欢迎，凡按这种设计思想制造的自行车被称为“安全型自行车”。

三轮车——为了更安全

三轮车两只后轮较大，链条带动后轮，有良好的平衡作用，而且利于推动整个车子前进。1890年法国标致公司制造的三轮车能运载110磅的货物，这使其具有了特殊的商业价值。

充气轮胎——安全型自行车第一项重要改进

1885年，苏格兰的约翰·博伊德·邓禄普研制成功充气轮胎自行车。

变速装置——轻量赛车发展的关键

1888年制造的“DeuxVicesses”自行车是早期的二速自行车之一。目前，由最初的二速已发展到了18速的变速装置。